谷原 誠

弁護士が明かす人を動かす
コミュニケーション術

「沈黙」の会話力

Silence is power of communication.
Makoto Tanihara

フォレスト出版

はじめに

——人間関係の悩みを一瞬でなくす方法。
それは……

私たちは、毎日、無数の会話を交わしています。

うまくいく会話もあれば、うまくいかない会話もあります。

そのため、会話のテクニックに関するビジネス書が多数出版され、売れています。また、話し方についての講座も多数開催されて盛況のようです。

うまくいかなかった会話の代表的なものは、「沈黙が続いてしまった」というものです。

沈黙は重苦しく、つらく、逃げ出したくなるものです。

ところが、実は、会話がうまくいくための秘訣も「沈黙」にあるのです。

本書では、その秘密を解き明かしていこうと思います。

この「はじめに」のタイトルも、本文を読んでもらうために沈黙のテクニックを使っています。「ツァイガルニック効果」を利用したものです。ツァイガルニック効果の意味や利用法は本文で説明していきます。

「沈黙」は恐れるものではなく、効果的に利用するものです。

本書を読んで、ぜひ「沈黙する勇気」を持っていただければと思います。

谷原 誠

CONTENTS

第3章

パワー・アクション

——沈黙とアクションを効果的に組み合わせる

第4章

パワー・クエスチョン

――会話と交渉はすべて質問で決まる

第5章

パワー・トーク
──質問と沈黙のあとで相手に影響を与える言葉の力

構成　別所 諒
ブックデザイン　bookwall
カバー＆本文イラスト　加納徳博
DTP制作　津久井直美
プロデュース／編集協力　貝瀬裕一（MXエンジニアリング）

第1章

パワー・サイレンス〈part 1〉

——沈黙することで成功した人々

沈黙は場を作り、人の心をコントロールする

この本は、矛盾に満ちた本です。

何しろ、「沈黙」という言葉を使わないコミュニケーションを本1冊分の言葉を使って解説しようと試みているのですから。

世の中には言葉で表現することが難しい事象が数多くあります。しかし、人間は言葉で表現できない事象を感性で理解する能力を身につけています。

たとえば、芸術。

論理的に詳しい解説があればよい芸術だと認識するのかといえば、そうではありません。一方で、秀逸な芸術論によって、さらに芸術の価値が高まることもあります。

つまり、言葉にすることと言葉にしないことによって、芸術に関するコミュニケーションは成立しているのです。

しかしながら、昨今の社会全体では、言葉に重きが置かれ、沈黙には気まずさが漂います。結果、言葉を出しすぎることで逆にコミュニケーションにエラーが起こっているよう

に感じます。

芸術を鑑賞しているときに、横から数多くの言葉で解説をされると感性が阻害されてしまいます。言葉にしないこと、つまり沈黙をすることで、よいコミュニケーションがとれることもあるのです。

世間には、「どう話すのか」を解説する本は溢れています。逆のアプローチで「どう沈黙するのか」「言葉の存在しない〝間《ま》〟をどう効果的に使うか」をこの本では考えたいと思います。

芸術という感性が重視される世界を言葉によって表現した書物に世阿弥の『風姿花伝《ふうしかでん》』があります。

感性と言葉という相矛盾する2つのものを見事に考察した、類書の少ない書物だと思います。

本来、芸術とは最もノウハウから遠いものです。

仮に「芸術家になる方法」というノウハウがあったとして、そのノウハウを学べば世界的な芸術家になれると思う人はあまりいないでしょう。ですから、芸術のように、人の感性という不確定なものに訴える方法は、一般化することが困難で、その方法論を示す言葉は極めて少ないといえます。

そんな中で、室町時代に父親の観阿弥とともに能楽を完成させたことで知られる世阿弥は『風姿花伝』を書きました。

『風姿花伝』の中に、次のような能楽論が書かれています。

能では観客の前でどう演じるかが大切です。しかし、観客が能を楽しむ状態になっていなければ成功しないとも言います。

そのためには、客席がざわざわしているときには、能を演じないで、観客が静まり、みんなの心が一致して「まだか、まだか」と楽屋のほうに注意を向けるまで、沈黙を保つのです。

この状態になったときに舞台に出て行くと、観客の期待が高まっており、能を楽しむ場ができています。すると、その日の能は成功するということが書かれています。

私は、人と話をするときも同じだと思います。

ずっとしゃべりっぱなしでいると、聞いているほうは、疲れますし、だんだん話が頭に入ってこなくなってしまいます。

しばらく黙ってみたり、言葉を減らすことによって、相手は「次に何を話すのだろう」と思ったり、こちらの話を整理したりすることができます。

沈黙をすることで、場を作り、相手の気持ちをコントロールすることができるのです。

この沈黙を「間」といいます。

ちなみに、演説により大衆を扇動したドイツのヒトラーも、演説の前に長い沈黙をとっています。

残っている動画を観ると、演説の壇上に上がってから話しはじめるまでに約30秒沈黙しています。聴衆はヒトラーに大歓声を送っていますが、ヒトラーの長い沈黙を受けて、次第に静まり、演説を「まだか、まだか」と待ちはじめます。そして、聴衆が静まったあとに、ヒトラーはおもむろに話しはじめます。聴衆が演説に引きつけられている様子がわかります。

また、『風姿花伝』には、次のようなことも書いてあります。

時の間にも、男時《おどき》・女時《めどき》とてあるべし

「男時」とは、状況が自分に有利な方向にあるときのこと、逆に相手が有利なときを「女時」といいます。

世阿弥は続いて、

いかにすれども、能によき時あれば、必ず、また、悪きことあり。これ力なき因果なり

と説いています。つまり、男時、女時は避けられず、人間の力ではどうにもならないということです。

これらの言葉は、能の「立合」に関する教えです。当時の能には、複数の演者が同じ舞台で演じながら、勝負を競い合う「立合」というものがあったそうです。

当時の芸術家には時の有力者の後ろ盾が必須でしたから、立合での自分の評価は、流派の存亡にかかわる重大事だったようです。世阿弥は、その立合で勝つために、男時、女時

を読んで演技することが重要であることを説いたわけです。

では、状況が不利な、女時にある場合、どうすればよいのでしょうか？
世阿弥は、それがそれほど大事な場面でなければ、あえて勝とうとせず、余裕を持って演技を行ない、ここぞという場面だけに力を入れることを勧めています。

私は弁護士として、これまで多数の交渉に携わっていますが、交渉にも同じことがいえます。

交渉は常に自分に有利とは限らず、不利な状況もあります。また、1つの交渉の中においても、有利な場面、不利な場面があります。

もちろん、戦略を立てて、常に有利な「男時」でいられるよう努めるのですが、必ずしもうまくはいきません。交渉に第三者が入ることもあり、自分の力だけではどうにもならない場面もあります。まさに、世阿弥の言う「力なき因果」が働いているように感じられることがあります。

こうした時流を読むことは、交渉を有利に進めるために大切なことです。

不利になっても、ずっと不利という状況が続くわけではありません。しかし、慌てたり感情を激したりしてしまうと、時流を読むことができなくなります。

相手の話をよく聞き、耐え、沈黙し、じっと流れの変化に注意していると、そのうち交渉における空気が有利に変わってくるときがあります。その「今だ」という瞬間に、自分の交渉カードを切っていくのです。

逆に、男時にある場合も注意が必要です。話し合いが有利に進み、自分が出した条件がなんでも通るような気がしても、調子に乗るのは禁物です。あとで不利な場面が訪れると覚悟しつつ、男時のときに、一気に解決しておくことを検討すべきです。

このように、会話というものは、話したいことだけを話していればよいということではありません。常に男時、女時を感じ取り、沈黙を有効に使って会話をしていくことが大切だと思います。

もう少し『風姿花伝』の話をしますと、有名な言葉に「秘すれば花」があります。

これはいろいろな芸事や専門においてはその家ごとに秘伝と称する技があって、それは秘密にしておくことによって絶大な効果が生じるというものです。

秘密にしておかず、「今日は秘伝の技を披露します」と言ってしまうと、「きっとさぞかし珍しいことをやるのだろう」と期待が高まってしまい、逆にその効果は現れないといいます。

テレビや劇場で、お笑いを見ているときなどもこれにあたります。芸人さんが、「今から面白いオチを言いますよ」などと前置きしてからオチを言うと、観客はすでに期待が高まっているので、オチを聞いてもそれほど笑えないということになります。そうではなく、芸人さんが突然思いもよらぬ面白いことを言うから、笑いが起きるのです。

「何でも話せばいい」というわけではないことを覚えておいていただきたいと思います。

ある本がベストセラーになった意外な理由とは？

2005年に大ベストセラーになった『さおだけ屋はなぜ潰れないのか？』（山田真哉、光文社新書）という本がありました。

内容が面白いのはもちろんですが、実は、この本が売れた理由の1つにタイトルの威力があったことは間違いでしょう。

どういうことかというと、このタイトルは、さおだけ屋が潰れないことを前提としています。しかし、現実には、さおだけ屋でも、潰れるさおだけ屋もあれば、潰れないさおだけ屋もあるはずです。それにもかかわらず、「さおだけ屋はなぜ潰れないのか？」と、あたかもさおだけ屋が潰れない前提で謎を提示し、沈黙を保つことによって、読者の興味を引いています。本来であれば、この本のタイトルは、次のようなものであるべきです。

「さおだけ屋の中には、潰れるさおだけ屋もあれば、潰れないさおだけ屋もある。では、潰れないほうのさおだけ屋は、なぜ潰れないのか？」

しかし、このようなタイトルでは、いくら中身がよくてもベストセラーになるのは難しかったのではないでしょうか。

こうしたテクニックを心理学では、「ツァイガルニック効果」といいます。

ツァイガルニック効果とは、「人は、達成できたことよりも、達成できなかったことや中断していることのほうをよく覚えている」という現象をいいます。

「さおだけ屋はなぜ潰れないのか？」と謎が提示され、「あれ？　なぜ潰れないんだろう？その理由が知りたい！」と思うと、その本を読みたくなるという仕組みです。

私が過去に書いた本にも、『「わたしと仕事、どっちが大事？」はなぜ間違いなのか？』（あさ出版）というタイトルをつけたものがあります。

これもツァイガルニック効果を狙ったものです。当初、その答えを明確に書いておかなかったところ、読者の方から「きちんと答えが書いてないじゃないか！」というクレームがきたことがあります。

読者はその答えを探し、本を1冊読んでくれたのです。それほどまでに、謎を提示された場合、私たちはその答えを知りたくなるということです。

テレビ番組でも、この効果を使っています。テレビ番組はスポンサーからの広告費で制作されています。そのためには、番組の視聴率を上げて、できるだけ多くの視聴者にコマーシャルを観てもらう必要があります。また、番組のあいだに差し込まれるコマーシャルを観てもらうということは、番組が再開されるまで、視聴者にチャンネルを変えさせてはいけないということです。

ですから、コマーシャルに入る直前に謎を提示し、「その答えはこのあとすぐ！」とか「このあと、とんでもないことに！」などとコメントを入れます。これによって、ツァイガルニック効果が発動し、視聴者はコマーシャルのあとに展開される内容に興味を抱き、その結果チャンネルを変えないため、コマーシャルを観ることになるのです。

テレビの連続ドラマでは、どうでしょうか。多くのドラマは終わる直前に、新しい事件

（イベント）が勃発します。視聴者は、その事件がどうなるのか心配です。そして、次回予告で少しだけ内容を見せます。それによって、視聴者はもっと観たくなるのです。連続ドラマの視聴率は、次回をいかに観たくさせるのかという、ツァイガルニック効果の使い方にかかっているのではないかと思います。

私は、弁護士という職業柄もありますし、ビジネス書を数十冊書いていることもあり、講演やセミナー講師の依頼を受けることがよくあります。このとき、しばしば聴衆や受講者に謎かけをします。彼らの注意を引くのに有効だからです。

たとえば、法律セミナーで「今回、被告は損害賠償を命じられたわけですが、実はある方法を使えば、損害賠償責任を回避することができました。このセミナーの中で、説明したいと思います」などと言うのです。

すると、受講者は「ある方法」を知りたくなり、「ある方法」を解説するまでは私の話を注意深く聞いてくれることになります。

つまり、謎が提示されると、私たちはその答えを知りたくなるということです。

ですから、会話で相手の注意を引きたければ、謎を提示して、そのあと少し沈黙するの

人は謎を提示されると、思わず答えを知りたくなる

です。そうすると、相手はその答えが知りたくなり、こちらの話に注意を向けることになります。

また、しばらくのあいだ、興味を持って聞いてほしいとすれば、私がセミナーでやったように、話の冒頭に謎を提示しておいてから、話したいことを話し、そのあとで謎に対する答えを開示するという流れにします。そうすれば、相手は、こちらが話したいことを興味を持った状態のまま聞いてくれることでしょう。

ところで、もう引退してしまいましたが、元芸能人の島田紳助さんの話はとても面白かったですね。そんな彼も初めから話が面白かったわけではなく、〝ある秘密〟を知ってから、面白い話ができるようになったそうです。次に、この秘密についてお話しします。

島田紳助さんがスターになった秘密

お気づきになった方もいらっしゃると思いますが、前項の最後も「ツァイガルニック効果」を使っています。謎を提示して、「答えが知りたかったら、次の項を読んでください」とあなたを誘ったのです。

では、続きをお話しします。

お笑い芸人は、面白い話ができる人という印象があります。

もちろん、その通りなのですが、彼らはもともと面白い話を持っているだけでなく、それをさらに面白くする技術を使っているのです。

その技術とは、「間《ま》」です。

お笑いでは「間」がとても重視されています。普段テレビを観ていて、あまり気にならないとしても、そこには周到に準備された沈黙があり、「間」があるのです。

引退してしまいましたが、島田紳助さんのトークはとても面白く、人気がありました。

彼の著書に、『自己プロデュース力』（ワニブックス、２００９年）という本があります。この本は、２００７年3月に島田さんがＮＳＣ（吉本総合芸能学院）で行なった特別講義を書籍化したものです。この本の中で、彼は「間を学ぶことでお笑い力を身につけた」という趣旨のことを話しています。

彼は、ありとあらゆる漫才を研究したことによって、「うまい」といわれる人たちの漫才には「間」が多いことに気づいたといいます。普通の漫才が1分間に10数回の「間」があるとしたら、うまい漫才は1分間に20回程度の「間」があるのだそうです。

そして、彼はウケる漫才として、反対に「間」を極端に少なくする漫才を考え出したのです。それが、紳助竜介の編み出した漫才だというのです。

これに対し、ダウンタウンはゆっくりとした「間」を使い、ボケとつっこみを作っています。2つのコンビの漫才のテンポはまったく違います。それ以外の今の漫才を見ても、テンポで漫才を作り出しているのがわかります。いずれにしても、「間」をどう使うかが、漫才のポイントになっているといってもいいでしょう。

ビートたけしさんの著書『間抜けの構造』（新潮新書、２０１２年）にも、同じようなことが書かれています。彼は同書で、「お笑いを制するには、間を制すること。それだけ笑いにとって、間というものは重要なんだ」と言っています。

漫才をやっていて、ウケがイマイチなときは、「あっ、このリズムは合っていないんだ」ということで、いったん「間」をとったり、リズムを変えたりしていくのだそうです。つまり、観客との関係性も「間」でコントロールするということなのでしょう。

会話においても同じことがいえるでしょう。会話は、自分が話したり、相手の話を聞いたりという話のキャッチボールです。一方が早口で、もう1人がとてもゆっくり話すとしたら、とてもぎこちない会話になります。いわゆる「間が悪い」会話です。そのようなときは、適度に「間」をとることによって、相手との会話のリズムを合わせていくことが大切でしょう。

反対に、相手が動揺してあせっているようなときは、相手の会話の「間」が早すぎるような感じになります。このようなときは、相手を落ち着かせるために、自分のほうはわざと「間」をゆっくりととり、相手を自分の間に合わせるように誘導して、相手を落ち着かせるという方法もあります。

ちなみに、アメリカの有名なコメディアンのジャック・ベニーは、「これまでお客さんに一番大笑いしてもらったのは、何もしゃべらずに黙っていたときだよ」と言っていたそうです。

話し方の達人に学ぶ沈黙の使い方

「話しはじめる前から、われわれはすでに値踏みされているのだ」

この一節は、世界的なベストセラー『人を動かす』（創元社）の著者、デール・カーネギーの『話し方入門』（創元社）という本にある言葉です。

カーネギーは、話し方の達人といっても過言ではないでしょう。

『話し方入門』には、文字通り話し方と話以外のコミュニケーションについて書かれています。

この本の中で、カーネギーは話しているときの重要なポイントとして、話の前後に沈黙を置くことを推奨しています。

そして、アメリカ合衆国の大統領だったリンカーンの演説を引用し、「リンカーンは重要な話をする前はしばらく沈黙してから、重要な話をして、人々を引きつけた」ということを説明しています。

確かに、話している途中で、相手が突然沈黙をすると、私たちは「なんだろう？」と思います。そして、それまでよりもいっそう相手に注意を向けることになります。注意を向けた結果、「次に相手が話すことはとても重要なことではないか」と意識するようになります。

したがって、**話している途中で、特に相手に注意してもらいたいときには、その前にいったん間を置くことによって相手の注意を引きつけ、そのあとで重要なことを話し出すというのが有効でしょう。**

重要なポイントの前後に沈黙を置くということは、会話に限らず、スピーチやセミナーでも有効です。

スピーチやセミナーでは、必ず重要なポイント、相手に覚えておいてもらいたいポイントがあるものです。そのポイントを話す前に、少し沈黙を置くことによって、聴衆や受講者の注意を講師に向けることができるのです。

セミナー講師の中には、沈黙を嫌って、「えー」という言葉でつないでしまう人もいますが、そうすると沈黙の劇的効果は発揮されません。無音の状態を作ることで、受講者たちの注意が次の発言に集中すると考えるべきだと思います。

また、日常会話の中でも「えー」とか「えーと」という言葉がクセになってしまっている人がいますが、たいていの場合、自分では気づかないものです。自分が「えー」という言葉を多発していないかどうか、周囲の人に聞いてみるといいでしょう。あるいは、自分の普段の会話やスピーチなどを録音してみるといいでしょう。そのクセは、すぐには直りませんから、日々注意して、徐々になくしていくようにしましょう。

スティーブ・ジョブズがプレゼンで沈黙した理由

世界の著名人をはじめ、さまざまな人たちのプレゼンテーションの動画を無料で公開している「ＴＥＤ Ｔａｌｋｓ」というＷｅｂサイトがあります。プレゼンテーションの達人たちが勢揃いしていて、とても勉強になります。

公開されている数々の動画の中で、トップレベルのアクセス回数を誇るのが、社会心理学者のエイミー・カディのプレゼンテーションです。

タイトルは「ボディ・ランゲージが人を作る」。

言葉を駆使するプレゼンテーションを集めたサイトにもかかわらず、最も人気のある動画のテーマが「ボディ・ランゲージ」であることはとても興味深く感じます。それだけ、言葉以外のコミュニケーションに対する関心が高いということでしょう。

さて、「TED Talks」を観ていると、プレゼンテーションの冒頭で「問い」を発する人が多いことに気づきます。

彼らは、問いを発し、間を置くことによって、聴衆の注意を引いています。そして、そのあとのプレゼンテーションは、その問いに答えるように展開されます。

この方法は、聴衆の注意を引きつけるとともに、これからの議論の方向性を示すという意味で、とても有効な方法だと思います。例として「TED Talks」の中から、サイモン・シネックのプレゼンテーションの冒頭部分を引用したいと思います。

思った通りに事が進まないとき、皆さんはそれをどう解釈しますか？　逆にものすごい功績を誰かが成し遂げた時、皆さんは何を思うでしょうか？

例えば、どうしてアップルはこんなに成功したのか？　彼らは常に進化し続け、競合から常に抜きん出ています。しかし、アップルはいちコンピューター会社です。他社となんら変わりはありません。これはつまり、人材、代理店、コンサルタント、そしてメディアへアクセスするチャンスは他社にもアップルにも平等に与えられているという意味です。それではなぜアップルが他社から抜きん出ているのでしょうか？

なぜマーティン・ルーサー・キングは市民権運動を統率することが出来たのでしょうか？　当時の情勢に苦しんでいたのは彼だけではありません。皆を行動に移すために演説をしていたのも彼だけではありません。なぜある特定の人がリーダーとなるのでしょうか？

この問いの連続により、聴衆は、その答えを知りたくなるとともに、そのあとのプレゼンテーションが、その答えを提供するものなのだということがわかるようになります。

このように、**プレゼンテーションでは、冒頭で聴衆に問いを発し、しばし沈黙することで、興味を持たせるとともに、話を聞く準備をさせるというのが有効な方法**だということがわかります。

冒頭での沈黙は、必ずしも問いが必要なわけではありません。ただ沈黙するだけでも期待感を高めることができます。

スティーブ・ジョブズは、「iPhone」発表のプレゼンテーションにおいて、冒頭「2年半、この日が来るのを待っていた」と声を発したあと、なんと7秒間も沈黙しています。この長い沈黙によって、聴衆の期待感が一気に高まります。

そのあともジョブズは、頻繁に沈黙を使って、効果的なプレゼンテーションをしています。プレゼンテーションの最中に沈黙することは、人によっては苦痛かもしれません。しかし、冒頭で沈黙することは、聞く人の注意を引きつけるための有効な手段だと覚えておくとよいでしょう。

皆さんの中には、ビジネスの現場でプレゼンテーションをする機会がある人も多いと思います。たいていの人がプレゼンテーションをするときは、ついつい緊張して早口になってしまいがちです。自分のプレゼンテーションを聞いてくれる人たちが大変多忙で、彼らの時間は貴重なんだと思うと、よけいに早口になってしまいます。すると、「プレゼンテーションの冒頭で沈黙するなどもってのほか」と考えるかもしれません。

しかし、プレゼンテーションの最大の目的は、「説得」です。そのプレゼンテーション

話しはじめる前に沈黙することで聴衆の期待感が高まり、説得力も高まる

によって、いかに聴衆を説得するかが、そのプレゼンテーションの目的です。ジョブズのプレゼンテーションを聞いている人たちも、大半が多忙を極めるビジネスパーソンです。その人たちに、最も効果的に影響を与えようとして、ジョブズは冒頭7秒間の沈黙を戦略的に利用しています。

したがって、あなたのプレゼンテーションを聞いてくれる人たちが多忙であろうとも、勇気を持って冒頭に沈黙を置くことを検討してもよいのではないかと思います。

オバマ元大統領とキング牧師も間の達人だった

マーティン・ルーサー・キング牧師といえば、アメリカ公民権運動の代表的な人物です。1963年、ワシントンのリンカーン記念館で行なわれた「I have a dream（私には夢がある）」で始まる演説が有名です。

この演説は世界的に有名ですが、その特徴は「I have a dream」と言ったあとに沈黙を入れているところです。

もし、「I have a dream」のあとに、すぐにスピーチを続けていたら、この言葉はこれほど有名にならなかったかもしれません。

核となる言葉を繰り返し、かつ直後に沈黙を入れることにより、人々の記憶に残りやすくなっているのだと思います。キー・フレーズの直後に沈黙を入れると、沈黙のあいだにそのキー・フレーズが頭の中にこだまします。すぐに次の言葉を続けてしまうと、それによって、キー・フレーズの印象がかき消されてしまいます。

アメリカ合衆国のオバマ元大統領も同じ手法を用いています。彼は、大統領選挙の勝利演説において「Yes, we can!（私たちはできる！）」を繰り返し、かつ、直後に沈黙を入れることにより、この言葉を聴衆に印象づけ、かつ、記憶に残りやすくしています。

「Yes, we can!」がどれほどインパクトがあったのかは、日本のお笑い芸人がオバマのものまねをするときに、この言葉を使ったことからもわかります。

また、オバマは演説の途中に聴衆から拍手が起こると、拍手が鳴り止むまで沈黙して待ちます。それによって、聴衆に演説の内容を整理させ、記憶に定着させるようにしているのだと思います。

これらは、演説を効果的に行なうための手法です。まず、核となるメッセージを短い言葉で表現します。次に、そのメッセージを演説の中で繰り返します。そして、メッセージを言ったあとに意識的に沈黙します。これで、聴衆にメッセージを強く印象づけることができるのです。

会話においても同じです。相手に伝えたいこと、相手に印象づけたいこと、相手の記憶に定着させたいことについては、強く短いメッセージにして、それを会話の中で繰り返し、言った直後に沈黙することです。そうすれば、メッセージが相手の頭の中に強く刻み込まれることでしょう。

落語は、うまい人ほどしゃべらない

お笑い芸人のネタは、それぞれの芸人やコンビが自分で考えます。

基本的にすべてがオリジナルです。

一方で、すでに決まったネタが用意されているのが、日本の伝統芸能の1つである落語です。

落語は、物語の大筋やオチなどが同じものをいろいろな落語家が演じますが、落語家によって受ける印象が大きく変わります。

なぜ落語が面白いのかについては、落語家の桂枝雀さんが「緊張と緩和の理論」という持論を唱えています。

落語は話のオチに向かってどんどん話を盛り上げていって、緊張感がだんだん高まってきます。そして、ピークに達したところでオチを言うことによって緊張が一気に壊れて笑いが生ずる、その笑いが緩和ということです。それが面白いのだといいます。

ところで、落語には「うまい人ほどしゃべらない」という格言があります。寄席に行くと、新人から始まって最後に真打ちが登場するわけですが、新人と真打ちでは、その雰囲気はまったくと言っていいほど違います。

ちなみに、同じ落語を、新人がやったあとに名人がやると、同じ落語とは思えないほどの違いがあると聞きます。

新人の落語家は話を暗記して流暢にしゃべっているような感じがします。すると緩急が少ないため、どこで盛り上がっているのか、どう感じればいいのかがよくわからないときがあります。

それに比べ、真打ちの落語には、沈黙や間が多いように感じます。それによって緩急や強弱をつけ、観客を話の世界へと引き込んでいくのだと思います。

落語はストーリー形式で語られますが、描写についても落語家ごとに違いがあります。名人といわれる落語家は、描写も上手で、観客にありありと場面をイメージをさせることができます。

観客の頭の中にイメージができるまでにはそれなりの時間がかかるため、描写をしながらも、上手に間をとりながら話を進めていきます。このような理由で、「落語は、うまい人ほどしゃべらない」といわれるのではないかでしょうか。

普段の会話においても、話の山場というものがあり、場合によってはオチがあります。この山場やオチを印象づけるには、やはり上手に間をとって、相手の反応を見ながら、話を進めていくことが大事です。

私は落語のＤＶＤをよく購入して見ていますが、普段の会話で、過去の出来事などのストーリーを相手に語るときなどに大変参考になります。

沈黙で笑いを作り出す人たち

言葉がまったくなくても人を笑わせることができます。典型的なのは、「喜劇王」と呼ばれたチャップリンです。

１９２０年代前半、山高帽をかぶってステッキを持ち、だぶだぶのズボンをはいてペンギン歩きというスタイルで、数々の無声映画を作ったチャップリンを知らない人はいないでしょう。彼は、セリフなしに、世界中の人々を笑わせました。

チャップリンは「言語を持たないパントマイムこそが世界共通の言語だ」と言っているそうです。つまり、言葉を使わなくても、沈黙したままでコミュニケーションをとることができるのです。

実際、チャップリンの映画を観ると、登場人物が何を考え、何を感じているのかがよくわかります。それを背景に、チャップリンの思いもよらない行動に笑いを誘われるわけです。

これが、言葉を使って説明してしまうと、その言葉によって、意味が限定されてしまいます。無声映画は、言葉を使わないことによって、登場人物の考えや感情を観客の想像にゆだね、言葉を使う以上に創造性を広げているのです。

無声コメディといえば、最近では『Mr．ビーン』が思い浮かびます。イギリスのITVで1990年から1995年まで放送されたコメディ・TVシリーズです。『Mr．ビーン』では、会話はほとんどなく、主人公のローワン・アトキンソンの表情や動作のみで笑いを誘うスタイルをとっています。

本書の執筆にあたり、『Mr．ビーン』を改めて観返して、「なぜ面白いのだろう？」と考えてみました。すると、「ビーンの想定外の行動と表情が面白いのだ」と気づきました。チャップリンの映画と同じく、行動と表情のみで、何が起こっているのか、登場人物は今何を感じているのかが、手に取るようにわかってしまうのです。

コメディに限らず、映画では、セリフを使わずに沈黙を使うことによって、観客に想像させるという手法がよく使われます。

黒澤明監督の代表作『七人の侍』（1954年）でもその手法が使われています。

七人の侍を率いるのは、島田勘兵衛という初老の侍です。勘兵衛は野武士たちの襲撃から村を守るために一緒に戦ってくれる武士を探します。偶然、昔の部下だった七郎次と再会しますが、七郎次は、武士をやめて物売りになっていました。勘兵衛は、「もう戦は嫌か？」と質問すると、七郎次は苦笑いをします。勘兵衛は、七郎次を誘います。「金にも出世にもならん難しい戦があるのだが、ついてくるか？」と問います。すると、七郎次は、即座に「はい」と答えました。そこで、勘兵衛は念を押します。

「今度こそ死ぬかもしれんぞ」

これに対し、七郎次は、何も言わずにやりと笑います。この「にやり」が沈黙による承諾となります。

このシーンは、「死んでもあなたについて行きますよ！」というセリフを使うこともできたでしょう。しかし、沈黙による承諾を見せることにより、言葉では言い表せない、七郎次の勘兵衛に対する気持ちや自分の人生観、戦に対する気持ちなど、さまざまなことを観客に想像させる効果を持っています。つまり、沈黙を使うことによって、セリフ以上のコミュニケーションを実現しているのです。

私たちは言葉によってコミュニケーションをとることが当然のように思っています。しかし、七郎次のように沈黙を使うことによって、言葉にする以上のことを相手に伝えることも可能なのです。

愛し合う若い男女がまったく言葉を交わさず、見つめ合ったまま何時間もすごすことがあります。この沈黙の時間は「愛してるよ」と言うよりも、何倍も多くの感情を伝え合っているのではないでしょうか。

沈黙を使って大ヒットしたテレビ番組

みのもんたさんといえば、よくしゃべる印象があります。

彼が番組で紹介するとその商品が売れるという伝説もあります。

信頼性と説得力がある話し方をしているのですが、ポイントは意外なところにあります。

それも間です。

以前、フジテレビ系列で、『クイズ＄ミリオネア』というクイズバラエティ番組がありました。みのさんが司会を務め、１０００万円の獲得を目指すクイズ番組で、人気を博しました。

この番組は、解答者が解答すると、みのさんが「ファイナルアンサー？」と質問します。そして、解答者は最終解答の決断ができた時点で、「ファイナルアンサー」とコールして、正解かどうかが明かされます。

そして、この番組が人気を博した理由の大きな1つは、解答者が「ファイナルアンサー」と言ったあと、みのさんが長いあいだ沈黙し、そのあとに正解かどうかを告げるという演出にあったように思います。

通常のクイズ番組では、解答者が答えると、すぐに正誤が示されます。しかし、この番組では、ときには10秒あまりも沈黙が続き、そこで「正解！」とか、「残念！」と正誤が明らかにされるのです。

そもそも沈黙を嫌うはずのテレビ番組としては、掟破りの演出でしたが、みのさんが沈黙しているときに、その沈黙が長ければ長いほど緊張感が高まっていき、正誤を告げたときの爆発力が増すのです。

よく考えたものだと思います。

このように、相手が答えを知りたがっているときに、答えを言う前に沈黙を置くと、緊張感が高まり、答えを言ったときの劇的効果が高まります。

たとえば、プロポーズの場面を考えてみましょう。男性が「結婚してください」とプロポーズしたら、女性がすぐに「はい」と答えるのと、男性の「結婚してください」という言葉のあと、女性が10秒間沈黙して、ようやく答えた場合を考えてみてください。答えを待つあいだの男性の心境たるや、想像にあまりあるでしょう。

私たちは、会話において、沈黙を作ることはなるべく避けるべきだという先入観を持っています。そのため沈黙が訪れそうになると、わざと意味のないことを口に出したりします。

しかし、『クイズ$ミリオネア』の例からわかるように、重要な発言の前に、沈黙を置くことで、緊張感を高めることが可能です。そして、その沈黙の時間は、長ければ長いほど効果が高まるようです。

数々の真剣勝負を間で勝ち抜いた宮本武蔵

宮本武蔵は、江戸時代初期の兵法家で、二刀を用いる二天一流兵法の開祖です。生涯に六十数度の真剣勝負をして、そのすべてに勝利したという伝説の武道家です。

彼は、剣術の極意を『五輪書』に著しています。その中には、「拍子」に関する記述が複数回出てきます。

拍子というのは、リズムや間、タイミングのことです。

『五輪書』に、次のような記述があります。

> 先づあふ拍子をしつて、ちがふ拍子をわきまへ、大小・遅速の拍子の中にも、あたる拍子をしり、間の拍子をしり、背く拍子をしる事、兵法の専也。此そむく拍子わきまへ得ずしては、兵法たしかならざる事也。兵法の戦いに、其の敵の拍子をしり、敵のおもひよらざる拍子をもつて、空の拍子を知恵の拍子より発して勝つ所也。
>
> （『五輪書』、鎌田茂雄・訳注、講談社学術文庫）

これは、兵法においては、拍子というものがあり、その拍子も合う拍子と合わない拍子があるので、その拍子の「合う、合わない」を知って、「相手が想定していない拍子で攻撃し、勝ちを得よ」ということを言ったものです。相手の拍子に合わせてしまっては、相手が戦いやすくなり、負けてしまうので、相手の拍子を外すことが大切であるということです。

剣術においては、間を知り、間を使いこなすことが極めて大切であるということです。この「間」を使いこなすことによって、武蔵は無敗を誇ったといってもよいでしょう。有名な佐々木小次郎との巌流島決戦で、武蔵は大変な遅刻をしたと伝えられています。これも、小次郎が気力十分である約束の刻限を外して、その気力の拍子抜けを狙ったものだったでしょう。このようなところにも、武蔵が「間」を重視していることがわかります。

また、徳川将軍家の兵法指南役だった柳生但馬守《やぎゅうたじまのかみ》の『兵法家伝書』にも同じようなことが書かれています。

「敵が大きい拍子にかまえて太刀を使ってきたときには、自分は小さい拍子で対抗し、敵が小さい拍子にかまえて太刀を使ってきたときには、自分は大きい拍子で対抗せよ」と勧めています。要するに、「相手の間に合わせるな」ということです。いかに相手の間を外すかが、剣術の極意だといえるでしょう。

スポーツでも、フェイントなど、「相手の間をいかに外すか」という技術が発達しています。「勝負とは、相手との間の外し合いである」ともいえるかもしれません。

このような間の使い方を、会話で生かすには、どうしたらよいでしょうか。

孫子の『兵法』にも「兵は詭道《きどう》なり」という言葉があります。

これは、「できることはできないように見せかけ、必要であっても必要でないように見せかける。また、実際は近くにいるのに遠く離れているかのように見せかけ、遠く離れているのに近くにいるかのように見せかける。敵が利益を欲しがっているときは利益をエサに敵を誘い出し、敵が混乱していればその隙に奪い取り、敵の戦力が充実しているときは攻撃せずに、敵の攻撃に備えて防禦を固めるようにする。敵の戦力が強大なときは戦いを避けるようにし、敵が怒り狂っているときはわざと挑発してよけいに怒らせてかき乱し、敵が謙虚なときは低姿勢に出て驕《おご》りたかぶらせ、敵が休息十分であれば疲労させ、敵同士が親しい間柄であれば離間させる」というように説きます。

つまり、「自分の間は悟られないようにし、相手の間はことごとく外すようにする」と

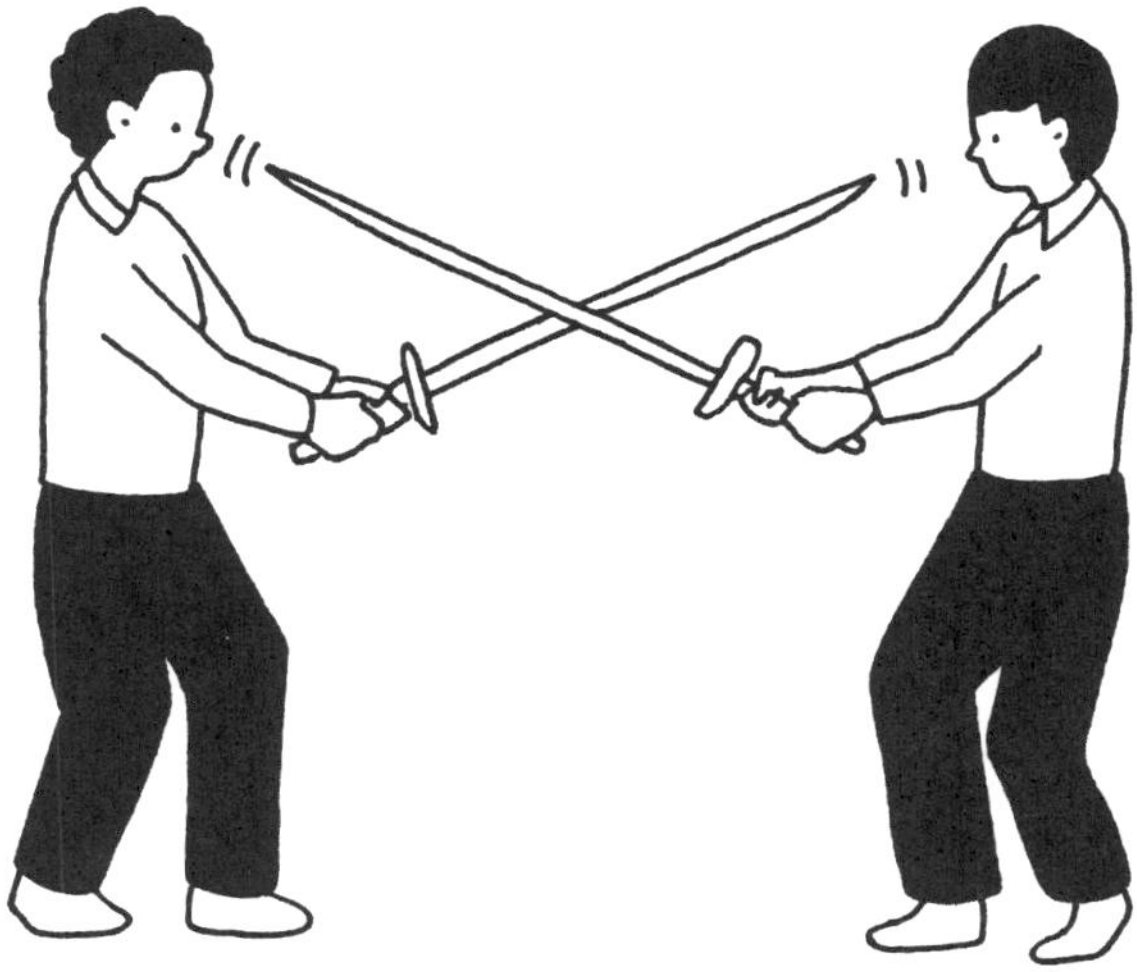

相手との間の取り方が勝負のカギ

いうことです。

まず、剣術の試合や戦場のように相手と利害が対立しているような交渉においては、『五輪書』や『兵法家伝書』、あるいは孫子の『兵法』のように、「相手の間を知って、その間を崩し、相手の想定外の主張をすることによって、交渉を有利に運ぶ」ということになるでしょう。

さらに、「自分の情報はなるべく明かさないで、自分の間を悟られないようにする」ということになるでしょう。

しかし、反対に、相手と友好関係を築きたかったら、どうでしょう。この場合は、反対の方法をとります。

「自分の間を相手に伝え、相手の間を知り、相手の会話の間にできる限り合わせていく」ということになるでしょう。相手の話すスピード、話の間などを相手に合わせるようにするのです。そして、相手が興味のあることに興味を示し、共感するのです。このときしぐさまで合わせると、なおよいでしょう。

そうすると、だんだん2人の間が合ってきて、良好な雰囲気が作られていくはずです。これが、よい「間合い」ということになるのです。

「余白」から読み取る力、「余白」が生み出す力

優秀なカウンセラーは、クライアントの言葉ではなく、沈黙に注目するといわれます。たとえば、「大丈夫ですか?」という質問に、クライアントが「大丈夫です」と答えたとします。言葉だけに注目すれば「大丈夫」なわけです。

しかし、「大丈夫、大丈夫」と短く繰り返したり、沈黙のあとに「大丈夫です」と言ったり、「大丈夫です」と言ったあとに沈黙をすると、クライアントの気持ちが言葉通りでないことがわかります。また、「大丈夫だと思います」というように、自分のことなのに、仮定的な言い方をする場合も、不安要素があることがわかります。

相手が話している言葉よりも、沈黙に意図を汲み取ることもあるのです。

このように、沈黙や空白に意味を見出すことは、私たち東洋人に備わった感性だと思います。

たとえば、芸術においても「余白」が意味を持ちます。

最もわかりやすい例は、水墨画でしょう。

墨のみで描かれた水墨画は、主に線の太さや濃淡ですべてを表現します。

無意味に空けた隙間を余白とはいいません。芸術において、余白には明確な必要性があり、なければならない要素なのです。

西洋には余白の概念は東洋ほどにはないと思います。基本的に西洋絵画は画面を塗り尽くします。

日本的な「余白の美」や「余韻の美」は、「無」をもって何かを語ります。こうした「無」とか「間」といった日本的な感覚は、今や禅思想とともに世界に広がっています。

「白紙も文様なり」というのは東洋的な考え方です。

ほかには、枯山水《かれさんすい》も「ない」ことによる芸術だと考えられるでしょう。

枯山水とは、水のない庭のことで、禅宗の寺院などに設けられています。水を用いずに石や砂などにより池や水の流れを示し、山水の風景を表現する庭園様式です。白砂や小石を敷いて水面に見立てたお庭を京都などでご覧になったことがあるでしょう。そこに私たちは、ないはずの水を感じます。

このように話すことを「足す」ことだとすれば、沈黙は言葉を「引く」ことになります。ないものをあたかもあるかのように表現する枯山水のように、話さないことで意図を伝えることと、言葉にされていない意図を汲み取ることの両方の感性が日本人にはあります。こうした文化は、「小さいところに宇宙をこめる」といわれる盆栽であったり、「起きて半畳寝て一畳」の狭い空間での暮らしを重視してきた日本的なものであると思います。

こうした文化の中で生活をしている私たちは、沈黙を恐れる必要はないのです。

第2章

パワー・サイレンス〈part 2〉

――沈黙がもたらす
人生の分岐点

「話しすぎ」にご注意

私の職業は、弁護士です。

皆さんは、私たち弁護士にどんな印象を持っているでしょうか？

弁護士というと、法廷で流暢《りゅうちょう》に話をしたり、立て板に水のように話をして、相手を説得してしまうというようなイメージを抱いている人が少なくないようです。

しかし、実際には違います。もちろん、話好きな人もいますが、有能な弁護士がよく話すわけではありません。

中には、とても無口なのに、交渉が上手で、相手をうまく説得してしまう弁護士もいます。

大切なことは、ミスを犯さないことです。そして、ミスを犯さないためには、ムダにしゃべりすぎないことが大切なのです。

会社員の前田さんは、日曜日に出勤して仕事を片づけないといけなくなりました。しかし、日曜日は家族で遊園地に行く予定があります。どうしても前田さんがやらなければいけないという仕事ではないので、誰かに代わってもらおうと思い、同僚の真由美さんにお願いすることにしました。

前田「真由美さん、今度の日曜日に出勤しないといけなくなったんだけど、悪いけど、代わってもらえないかな？」
真由美「えー？　どうして？」
前田「実は、日曜日は家族で遊園地に行くことになっているんだ。今度、何かおごるからさ。頼むよ」
真由美「私も予定があるのよ。困るなあ」
前田「以前、仕事で助けてあげただろ？　今度だけだからさ。それほど難しい仕事じゃないよ。真由美さんなら、仕事が速いから、3時間くらいでできるはずだよ」
真由美「そうねえ。どうしようかなあ」
前田「頼むよ。遊園地に行かないと、家族の信頼をなくしちゃうよ。いいでしょ。真由美さんは、まだ家族がいないんだから、1日くらい大丈夫だよね」
真由美「それどういうこと？　私が結婚してないからヒマだと言いたいの？　ひど

くない？　もう代わってあげない。勝手に家族の信頼をなくせばいいでしょ！」

前田さんは、真由美さんを説得するために、いろいろ理由をつけて、承諾を得ようとしました。理由を増やせば増やすほど、イエスと言ってもらえる可能性が高まると思ったのでしょう。

しかし、結果はどうだったでしょうか。真由美さんの自尊心を傷つけるよけいなひと言を言ってしまい、説得が台無しになってしまっています。これがなければ、真由美さんは、休日出勤を代わってくれそうな雰囲気でした。

このように、会話ではしゃべりすぎると、よけいなことを言ってしまう可能性が高まってしまいます。したがって、むやみにしゃべりすぎないことが大切です。

必要なことを言ったあとは、静かに沈黙していたほうが、話した内容が相手の頭と心に徐々に浸透していって、説得もしやすくなるでしょう。

沈黙することで相手が自己崩壊する

「やましいことがある人は口数が多くなる」といわれます。

つまり、言い訳です。

言い訳を重ねるごとに矛盾が生まれて、矛盾を取り繕うためにさらに矛盾が生まれて、結局、ウソがばれてしまいます。

この本では、会話における沈黙の有効性について説明しています。とはいっても、「相手からイエスを引き出さなければならない交渉のような場合では、沈黙しているだけでは、相手からイエスを引き出すことができないのではないか」という疑問もわいてくるでしょう。

また、「相手からイエスを引き出すためには、相手よりも多くしゃべって、しゃべり倒して相手を説得してしまわないといけないのではないか」という疑問もわいてくるかもしれません。

しかし、実は交渉においても、沈黙は有効な手段となります。

相手と交渉しているときに、相手が何もしゃべらず沈黙しているところを想像してみましょう。私たちは、どう感じるでしょうか。

おそらく、「これは納得していないな」とか、「何か気に障ることを言ってしまったかな」などと不安を感じることでしょう。

そして、沈黙に耐えられず、私たちはさらに話し続ける結果となります。

おまけに、その話し続ける内容というのは、不安を解消するための会話になりますから、相手の不機嫌を治すための情報であったり、相手に有利となってしまうような情報を提供するなどというミスを犯してしまうことが起こります。

たとえば、仕事を終えて家に帰ったときに、「ただいま」と言っても、奥さんが返事もせずに黙っていると、不安にならないでしょうか。

落ち込んでいる風であればなぐさめるでしょうが、怒っている風だとしたら、どうでしょうか。「何か怒らせたかな?」と不安になり、機嫌をとりはじめるのではないでしょうか。

何かやましいことがある人の場合は、「何かバレたかな?」などと不安になることもあるでしょう。

その結果、どこかに遊びに行く話になったり、プレゼントを買ってあげる話になったり、ということもあり得ます。

会話例で見てみましょう。

夫「ただいま」

妻「……」

夫「どうしたの？」

妻「今日、早く帰ってくる約束だったんじゃない？」

夫「急に上司に誘われてしまって、行かないといけなくなったんだよ。お得意先も一緒で、連絡もできなかったんだ。早く帰ろうとしたんだけど、連れ回されてしまったんだ」

妻「……」

夫「本当なんだよ。信じてよ」

妻「……」

夫「俺も断りたかったんだけど、上司の誘いなんだから仕方ないだろう」

妻「なんだか怪しいわね」
夫「何もないって。今度、埋め合わせに食事にでも行こうよ」

ビジネスの交渉でも同じです。沈黙には相手を不安にさせる効果があります。

営業「いかがでしょうか？」
客「……」
営業「どこか、気になるところがございますか？」
客「……」
営業「お値段でしょうか？　この点は、もう少しなんとかできますが」
客「どういう風に？」
営業「そうですね。……こんな感じでいかがでしょうか？」
客「……」
営業「難しいですか？　これ以上だと会社に持ち帰って、上司と相談しなければいけません」

交渉相手に沈黙されると人は不安を感じ、自分に不利なことを話してしまいがち

このように、沈黙を使うと、相手は不安になります。そして、「何かが気に入らないのだ」と想像し、その点を補うような話をしてしまうということがあります。沈黙自体が1つの交渉テクニックになるということです。

「相手に沈黙されることで、私たちは自分から不利な会話をしてしまいがち」ということは、逆に自分のほうから、沈黙を有効に使うことによって、相手から情報や譲歩を引き出せると考えられます。

もちろん、ずっと沈黙したままでは、こちらの考えが相手に伝わりませんので、相手を説得することはできません。自分の主張やその論拠については、明確に相手に伝えなければなりません。

しかし、交渉中に適宜、沈黙を入れることによって、相手の不安を増大させ、相手から有効な情報や譲歩を引き出すことができるようになるでしょう。

怒りを静めるための最も効果的な方法

カチンときたら、言葉を出す前に深呼吸をする。

そうして気持ちを落ち着かせると、不用意な言葉を発することが少なくなります。

政治家の失言が連日テレビを賑わすことがあります。あまりの愚言に「なぜ、あんなことを言うのだろう?」と呆れることもあります。

政治家の発言は、言ってしまったあとに「真意は違う」では済まされません。言葉を発する前にほんの数秒、沈黙すれば、失言は相当数減るのではないかと思います。

沈黙は、会話において、相手に影響を与えるだけではありません。自分の感情をコントロールするためにも、非常に有効に機能します。

怒りは、ときとして人間関係を破壊しかねません。必ず双方が嫌な気分になります。また、よけいなことを言ってしまい、あとで後悔することも多いでしょう。交渉においては、冷静な判断力が失われ、不利な結果となることも多いでしょう。

したがって、会話をするときには、自分の怒りの感情をコントロールできたほうが望ましいことは間違いありません。

もし会話中に怒りを感じたときは、沈黙を使うことによって、怒りの感情を解消するのです。

アドラー心理学では、「怒りの感情は、ある目的を達成するために作り出される感情である」と解釈します。たとえば、『嫌われる勇気』（岸見一郎／古賀史健、ダイヤモンド社、2013年）という本に、次のようなことが書かれています。

主人公の青年が、喫茶店で本を読んでいたときに、通りかかったウェイターが青年の上着にコーヒーをこぼしてしまったそうです。そこで、青年は、カッとなり、思わず大声で怒鳴りつけたそうです。青年は、この感情は自然にわいてきた感情だと説明しました。しかし、アドラー心理学では、怒りに駆られて大声を出したのではなく、「大声を出すために怒った」と解釈します。大声を出してウェイターを屈服させ、自分の言うことを聞かせる目的で、その手段として怒りの感情を作り出したのだと解釈します。

そして、その例として、次のような話を挙げています。母親と娘が大声で怒鳴り合っているときに、電話が鳴りました。母親が電話を出ると、娘が通う学校の担任の先生からでした。母親は、途端によそ行きの声になって5分間ほど会話してから受話器を置き、娘との怒鳴り合いを再開したそうです。

このようなことは、私たちにも経験があるように思います。

そこで、相手に怒りの感情をぶつけそうになったときには、「今、自分の目的を達するために怒りをぶつけるのは正しいことなのか?」を吟味する必要があります。そのために沈黙を使うのです。

まず、相手からひどいことを言われて怒りの感情がわいてきたとします。そんなときは、即座に相手に怒りの感情をぶつけないことです。一瞬でもいいので沈黙しましょう。

そして、自分の感情に集中します。

「あっ、自分は今怒りを感じているな」と自覚することからはじまります。ときとして、怒りを自覚するだけで怒りが収まることもあるくらいです。

怒りを自覚したら、まず自分に問いかけます。

・これに対して、私が怒ることは、果たして正しいことなのだろうか？
・私のアイデンティティに合っていることなのだろうか？
・相手との関係を維持することよりも、怒るほうが重要なのだろうか？
・私は、怒ることによって、何を得ようとしているのだろうか？　その目的に対して、怒ることが最も効果的なのだろうか？　ほかにもっと効果的な方法はないのだろうか？

このようなことを自問すると、すべての答えが出る頃には、怒りは収まっていることでしょう。

というのも、たいていの場合、怒るよりも、目的を達するためにもっと効果的な方法があるからです。

このように、沈黙は必ずしも相手に対して行使するだけのものではありません。自分の感情をコントロールするためにも、沈黙を有効に使いましょう。

「怒りを覚えたら、十数えよ。ひどく怒りを感じたら、百数えよ。それでも駄目なときは、千数えよ」トーマス・ジェファーソン

「しゃべらない営業」で売り上げがナンバーワンに

『「しゃべらない営業」の技術』(PHPビジネス新書、2010年)などの著作があり、サイレントセールス・トレーナーとして活躍している渡瀬謙さんは、「しゃべらない営業」を推奨しています。

渡瀬さんは、幼少期から口下手、人見知り、あがり症で、人付き合いが大の苦手だったにもかかわらず、リクルートに入社して10カ月目で、全国で営業達成率トップになりました。

渡瀬さんは、「営業は根性や気合いなどではなく、自分のような内向型の性格であっても体系立てて行なえば、きちんと結果を出せる職業である」ということを、売れずに悩む営業マンに伝えることを使命として、書籍の出版やセミナーで大活躍なさっています。

渡瀬さんは、売れない営業マンは、「しゃべること」と「売れること」を同義に捉えていることが多いと言います。

「うまくしゃべれば売れるはず。しかし、自分はうまくしゃべれていないから売れない……」ということですね。

ですから、売れないときほど、単純にしゃべりの練習に精を出すことになりがちです。人一倍口下手な渡瀬さんは、人の何倍もの時間をしゃべりの練習に割いていました。ところが、いくらトークを磨いてもまったく売れない日々が続きました。

「やっぱり自分なんかには営業はムリだったんだ。もうあきらめよう」と思ったとき、売れない渡瀬さんを見かねたリーダーが声をかけてくれました。

そのリーダーは、部署内でもひときわ明るく元気な人で、しかも全国トップクラスの営業マンでした。

「そんな人の営業を見せられても自分には参考にならないだろう」

そう心の奥では思っていましたが、それでもせっかく誘ってもらったので、渡瀬さんはリーダーについて行くことにしました。

すると、意外な光景を目にします。

リーダーは、お客様の前でしゃべりません。いつものように場を盛り上げようともせず、淡々と相手の話を聞いている。普段のリーダーとは別人のような姿でした。

さらに意外なことに、そんな営業スタイルでなぜか売れてしまったのです。

渡瀬さんは帰り道、驚きながらリーダーに聞きました。

「営業って、あんなにしゃべらなくても売れるんですね？」

すると彼は、「何言ってんだよ。営業なんてしゃべらないほうがいいんだよ。その意味ではお前は営業に向いてるんだけどな」

それが渡瀬さんの運命を変えるひと言でした。

セールスのときこそ、セールスパーソンがずっと話し続け、顧客から購入してもらわなければならないと考えている人は多いのではないでしょうか。

実際、営業会社でも、沈黙を回避するために、商品を売るためのトークスクリプトを会社が準備し、セールスパーソンはそれを暗記して、顧客にセールストークをするという方針をとっているところがたくさんあります。

そのようなセールスする人たちは、「沈黙が生まれたら、顧客に断り文句を言う機会を与えてしまう」と考えているようです。断られる前提で考えているので、いかに断り文句を言うタイミングをつぶすかを重視しているということですね。

しかし、それは売る側の論理です。買う側のことを考えていません。

私は、今では事務所にかかってくる営業電話にはいっさい出ません。時間がもったいないからです。しかし、私も昔は、事務所にかかってくる営業電話によく付き合っていました。

そのときに電話口でずっとしゃべりつづけられると、とても不快な思いになりました。つまり、セールスを受ける側からすると、相手がずっとしゃべりつづけ、こちらに話す機会を与えないようなときには、「私のことなど何も興味がないじゃないか」と思ってしまうのです。私の興味や関心を聞くことをせず、商品のメリットばかりを話しつづけるセールスパーソンからは、とても商品を購入する気にはなれませんでした。それに、「私のことをよく知らないで、どうやって私にぴったりのどんな商品やサービスを提供できるのだろう？」と不思議でした。

電話セールスの多くは、沈黙が生まれると、断り文句を言われたり、電話を切られたりするのではないかと恐れているようで、とにかく沈黙が生まれないように話しつづけるのです。しかし、相手が話せば話すほど、私の心はその商品やサービスから離れていってしまいました。

確かに「沈黙が生まれたら、断り文句を口にする」という人も多いのかもしれません。しかし、話の途中に沈黙（間）がなければ、購入の意思表示をすることもできません。

顧客の側は、商品やサービスのメリット・デメリットなどを聞いた上で、自分の状況と照らし合わせた上で、購入するのがよいかどうかを、頭の中を整理してよく考えなければなりません。

その時間が欲しいのです。

したがって、セールスの際はある程度商品の説明をしたら、顧客に質問をした上で少しのあいだ沈黙し、顧客に頭の中を整理する時間を与えたほうがよいと思います。

私は弁護士として、相談者から相談を聞き、具体的なアドバイスをしてから、「私たちが引き受けることもできますよ」と提案します。

そのときに、承諾させようとずっとしゃべりつづけるようなことはしません。

相談者は、自分の苦境と、費用をはじめ、いろいろなことを考えて頭の中を整理し、依頼するかどうかを決めることになります。

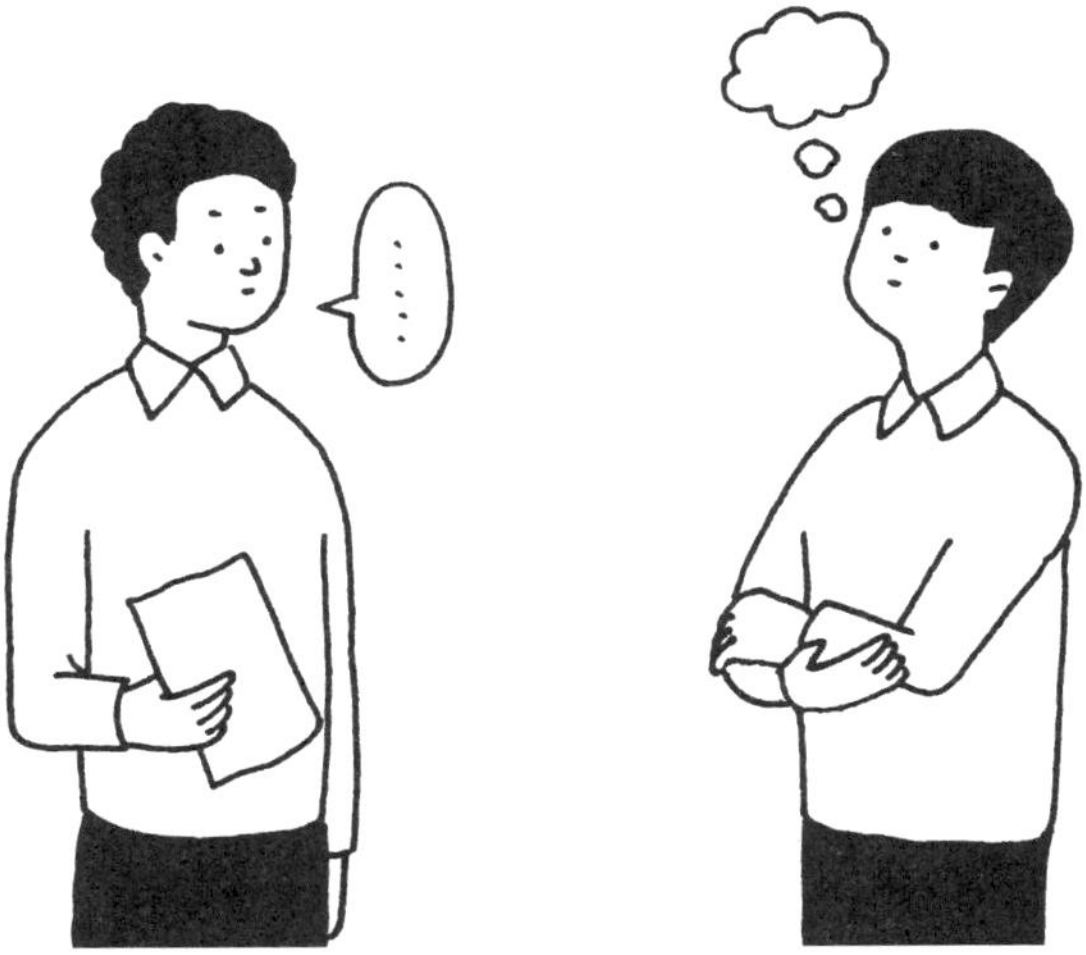

会話中に沈黙を入れることで、相手は自分の考えをまとめることができる

だから、私はそのための時間をゆっくりとるようにします。

相手が考えをまとめているあいだは沈黙し、次の質問や言葉を発することもしません。したがって、長いあいだ沈黙が続くこともあります。

そして、熟考した末に相談者は、「ではお願いします」と依頼をしてくれることが多いのです。

ですから、セールスパーソンは、沈黙を恐れず、ある程度の情報を顧客に与えたら、顧客がその情報を頭の中を整理するために、沈黙の時間を作ったほうが成約率は上がるのではないかと思います。

先ほどの渡瀬さんの例にもあったよう

に、実際、よい成績をあげているセールスパーソンは、決して顧客の前でおしゃべりではありません。むしろ、無口な人が多いようです。

名キャッチコピーに見る沈黙の使い方

「まずい！　もう一杯！」

このキャッチコピーをご存じですか？

悪役商会の八名信夫さんを起用したキューサイの「青汁《あおじる》」のCMで使われたキャッチコピーです。放送された当時はインパクトがあり、大きな話題となりました。しかし、このCMは40歳以上の方にしかわからないかもしれないので、もう1つ事例をお話ししますね。

「そうだ 京都、行こう。」

JR東海のCMです。このCMはご覧になったことがあるでしょう。京都への旅の誘いとして、ロングランCMとなっています。

私は、この2つのCMには共通点があると考えています。この2つのヒットCMに共通するのは、シンプルな言葉を使っている点と「間」です。

たとえば、間を使わずに、

「もう一杯！」

「京都、行こう。」

だけだったら、これほどのインパクトはなかったと思います。

このように、広告のキャッチコピーにも、間という沈黙が使われています。

「もう一杯！」「京都、行こう。」が言いたいことで、その前に「ため」を作ることで言葉が強くなります。つまり、「もう一杯！」の前に「まずい！」という言葉と間を入れることで、「もう一杯！」が強調されます。また、「まずい！」と聞いて、一瞬間があると、「えっ？何がまずいの？」と、瞬間的なツァイガルニック効果によって、そのあとに続くフレーズに興味を引かれるのです。

「京都、行こう。」も同じです。「そうだ」と間を入れることによって、「何だろう？」と興味を引かれます。

ちなみに、倒置法にもこのような効果があります。アップルがｉＰｈｏｎｅ４を発売したときの「すべてを変えていきます。もう一度。」というようなものです。「もう一度、すべてを変えていきます。」よりも、言葉が強調されます。

たとえば、「そうだ 京都、行こう。」を倒置法にしてみると、

「そうだ！　いざ行こう！　京都へ」

となり、間を2回使うことでさらに強い効果が発揮されることになります。Ｗｅｂサイトやチラシなどのキャッチコピーを作るときは、このような間のテクニックを使うことを検討してもよいのではないでしょうか。

私の仕事場ともいうべき裁判所でも、沈黙が大きな役割をしています。裁判官が判決を言い渡す直前の沈黙です。

「被告人を……」のあとに沈黙があります。そのあいだ、原告と被告はもちろん、検事や私たち弁護士、聴衆は、固唾《かたず》を飲んで裁判官の次の言葉に意識を集中します。

みんなの意識が集中したタイミングで、裁判官は判決を言い渡します。沈黙のあとのひと言は、厳粛で重みのある言葉になります。

同じように、あなたが何か大切なことを話すとき、しばらく沈黙してから話すと、言葉が強調されます。強い言葉は実は沈黙が作っているのです。

ほかにも、長く使いつづけられているキャッチコピーの型の1つに「ピアノコピー」が

あります。これにも沈黙が使われています。次のようなチラシのタイトルです。

私がピアノの前に座るとみんなが笑った。
でも私がピアノを弾きはじめると……

ジョン・ケープルズという人が書いたこのキャッチコピーは、マーケティングの業界では通称「ピアノコピー」と呼ばれています。

皆さんも、この型を使った広告をご覧になったことはあるのではないでしょうか。

ピアノコピーは、重要なことを「言わない」という沈黙を使うことで、見た人の関心を引きつけています。

本書の「はじめに」でもこのテクニックを使いました。

「はじめに」のタイトルは、

人間関係の悩みを一瞬でなくす方法。それは、……

というものでした。「人間関係の悩みを一瞬でなくす方法を知りたい」と感じた人に本書を読んでもらおうという意図です。

第1章でも紹介しましたが、心理学では「ツァイガルニック効果」といいます。ツァイガルニック効果とは、「達成できなかった事柄や、中断している事柄に対して、より強い関心を持つ」という人間の心理をいいます。

人間の関心の度合いは、完了間近なものほど強くなります。これも、本当に言いたいことの前に「ため」を作ることと共通しています。

広告を作るとき、慣れていない人は、伝えたいことをもれなく伝えようとコピーを書きます。その結果、長くなりすぎて、かえって読まれないということになってしまいます。

人とのコミュニケーションでは、適切なことを適切なタイミングで伝えることが大切です。しかし、伝えたいことが多くなると言葉も増えて、逆に論旨がよくわからなくなることがあります。そんなときは、発想を逆にして、言葉を少なくして「ため」を作ってみることで、伝わりやすくなることがあります。

この本の中で最も大切なことをここに書きます。

今からこの本で、最も大切なことをお話ししますね。

それは、大切なことを話したいときは、「今から大切なことを言います」と言ってから沈黙し、そのあとで話し出すとよいということです。

あなたは、この項目にさしかかったとき、見出しを見て「ここには大切なことが書いてあるんだ」とほかの項目よりも集中して読もうとしたはずです。もしかしたら、立ち読みの最中で、目次を見たあとに、最初にこの項目を開いているかもしれませんね。

それがこの見出しの狙いでした。

つまり、「前振り」によって、人の興味を引きつけることができるということです。

大切なことを話すときは、話の内容はもちろんですが、同じくらい「前振り」も重要です。

よく使われる前振りは、次のようなものです。

「ここだけの話ですが」
「あなただから話をするけど」
「ほかのところでは言えないことですが」

こうした前振りには、相手との関係を特別なものにする効果があります。相手は、「ほかの人には話せないことを自分にだけ特別に話してくれるのだ」という意識を持ち、あなたが話すことの価値を高く見積もります。

このように**重要な話をする前に、「重要な話をする」というサイン（前振り）を出しておくと、相手の意識を話に向けることができます。**

前振りは、大人数を相手に話すときにも有効です。授業やセミナーなど、参加人数が多くなると、油断をして居眠りをする人や隣の人とひそひそ話をする人が出てきてしまうことがよくあります。こうした状態を放置しておくと、真剣に聞いているほかの人の集中力を削ぐことになります。

なので、大切な話に集中して聞いてほしいときは、前振りを使います。

たとえば、授業の場合は「今から話すところは試験に出ます」という前振りが有効です。学生が授業に出ている目的は試験でいい成績をとることですから、当然ながら意識を集中させて聞きます。

もし逆に、前振りなしに試験のポイントを話して、そのあとに「今のところは試験に出ますからね。よく覚えておいてくださいね」などと言うと、学生のほとんどは「えっ！聞いてなかった!!」ということになるでしょう。

私がセミナーでよく使う前振りは「ここは重要です」というものです。こう言うと、それまで手元のレジュメを見ていた受講者はみんな顔を上げてくれます。

受講者に喜ばれるセミナーは、「これはいいことを教えてもらった」と思われる内容が入っているセミナーです。また、セミナーでお伝えすることをすべて覚えてもらうことは不可能です。それよりは、インパクトのある内容をいくつかお伝えするほうが満足度は上がります。そのために前振りはとても重要なのです。そして、このときも「今から大切なことをお話しします」と言ったあとに、沈黙することで、さらに受講者の注意を引きつけるようにします。

相手の沈黙は同意とは限らない

あなたが何かを相手に伝え終えたとき、相手が沈黙をしていたら、あなたはどう感じるでしょうか？

相手の沈黙をどう解釈するのかはコミュニケーションにおいて、とても大切です。

職場で上司が部下に指示を出して、「わかったな！」と念押しすることがあります。そのときに部下が沈黙しているとします。

これには、次の3通りの解釈ができます。

1　同意している
2　考えている
3　同意していない

つまり、沈黙は必ずしも同意ではないのです。

特に注意したいのは、「考えている」ときと「同意していない」ときです。

ここで、明確な同意を得ておかないと、あとでトラブルになったときに、部下から「私はあのとき同意していませんでした」と反論されることがあります。沈黙は、その余地を残しているのです。

たとえば、上司の話のあとに沈黙している部下が考えている場合、考えている内容も複数のパターンがあります。

・指示の内容が理解できず考えている
・指示をどうやってやればいいのか考えている（やり方がわからない）
・ほかの仕事との兼ね合いで、やるのが難しいと考えている
・自分の能力では難しいと考えている
・「それは、違うんじゃないか」と考えている

基本的には、部下は上司の指示を遂行する方向で考えていますが、上司の期待通りの仕事ができるかどうかは未知数です。特に、指示の意味を理解しても、やり方がわかってい

ない場合は、上司の予想とは違う仕事をしてしまうでしょう。

たとえば、あるボクシングの試合で、セコンドが選手に「足を使え、足を！」と指示をしたところ、その選手は、ボクシングの試合では反則である蹴りを繰り出したというジョークもあります。それほど、指示内容と理解のあいだには隔たりがあることが少なくありません。

また、上司の指示を理解しても、行動することに同意していない場合もあります。特に、忙しい職場では、部下は上司の指示を「いつも急な仕事を命じてくる」と不満を持っているかもしれません。そうした不満を沈黙で表現しているのかもしれません。

こうした状態で、上司が沈黙を同意と捉え、それに対して部下は「はい」と返答していないので同意ではないと捉えている場合は、その仕事が成し遂げられることはありません。

上司の立場としては、「何度言えばわかるんだ？」と言いたくなりますが、この状態では何度言っても同じことが繰り返されます。世の中には、「話せばわかる」「言っただろう」「俺が言っておけば大丈夫」というように、自分が言いさえすれば、その内容が相手に的確に伝わるものだと信じている人が意外に多いように感じます。

自分の脳と相手の脳はまったく別物です。物事の捉え方が違いますし、経験も違います。

自分が話したことが相手にその通り伝わるかどうか、相手が正確に理解するかどうかは別問題であると認識しなければなりません。

相手の沈黙の意味を知るには、相手に話してもらうしかありません。

こんな当たり前のことをわざわざ話しているのは、このことを頭では理解していても、実際に行動に移せている人は案外と少ないからです。

多くの上司は部下が理解をしていないと感じた場合、さらに多くの言葉を費やして説明します。「どこがどうわからないのか」と部下に質問をする上司は少数でしょう。

質問をしたら、相手が話し出すまで待ちましょう。

自分が言ったからOKというわけではありません。

私が指示型よりも、質問型のマネジメントを推奨しているのは、相手の理解と同意を確認することが大切だと考えているからです。

あなたも昔は思い通りに人を動かしていた

今では言葉の重要性を感じているあなたも、かつては言葉を使わずに、他人を思い通りに動かした経験があるはずです。

それは、あなたが赤ちゃんだったときです。

赤ちゃんほど、大人を思いのままに動かす存在はないでしょう。

赤ちゃんは言葉を話すことができません。それでも、泣く、表情を変える、発語などを駆使して、大人を面白いように動かします。赤ちゃんが泣き出すと、大人は「ああ、お腹が空いたのか」「ミルクがほしいのか」「抱っこかな」「おもちゃで遊びたいのか」などとおろおろします。その結果、赤ちゃんは思い通りのものを手に入れます。これは、私たちが、言葉以外のコミュニケーションの影響を受けている証拠です。

ほかにも、私たちは言葉以外で感情を動かされることがあります。

動物が主人公になっている映画では、動物は言葉を話しません。彼らの行動を見ることで、私たちは共感し、涙を流すのです。犬を主人公にした映画など、「これはずるいよ」と言いたくなるほど泣けてきます。

このほかにも、以前に大ヒットしたスティーヴン・スピルバーグ監督の『E.T.』という映画がありました。主人公の宇宙人は言葉をほとんど話しません。

世の中には、ペットとも言葉以外のコミュニケーションをとり、人間と同じように接している方もいらっしゃいます。

これらの根底にあるのは、好意と信頼だと思います。

話さなければ相手に影響を与えることができないなどということはありません。

言葉がすべてではありません。

日頃の行動により、「好意残高」「信頼残高」が貯まりもするし、引き出されもするのです。

「この人が言うなら」という信頼関係は、「何を言うか」よりも大切です。

言葉以外に、私たちは相手に共感する能力を備えているのです。

共感という点では、一般的な話ですが、「女性は男性に比べて共感能力が高い」といわれます。そのため、赤ちゃんの泣き方や表情で要求していることを読み取ることができるのではないかと思います。この推論が正しいとすると、男女間のコミュニケーションエラーの理由もわかります。

たとえば、女性が相手の表情から同意しているのか、不満に思っているのかを読み取ることができるとしましょう。自分が相手の表情から気持ちを読み取ることができるので、男性にも同じことができていると思っても不思議ではありません。つまり、男性に対し、不満そうな表情をして黙っていることによって意思表示をしているのに、自分を見た男性から、「黙って聞いているのだから、話に同意している」と思われることがありうるということです。その結果、男性は「黙っているからOKかと思った」となり、女性は「あの表情を見て、OKだと思うなんて信じられない」となります。

女性同士がいつまでも会話を続けることができて、男性の会話が続かないのもこのためかもしれません。

「間が悪い会話」をしていませんか？

世の中には、「間が悪い人」がいます。

タイミングの悪いひと言で、相手の話の腰を折ったり、言わなくてもいいことを言って、周囲を白けさせる人のことです。あなたの周りにも1人や2人、こんな人がいるのではないでしょうか。

こんな人を見ると「なぜ、そんなことを言うのか?」と呆れることもありますが、当の私たち自身が、気づかぬうちに間の悪い会話をしてしまわないとも限りません。

この本は、沈黙や間の大切さについてお話をしています。しかし、間というのはもろ刃の剣で、使い方を間違えると人間関係を悪化させてしまいます。

ここでは、間の悪さについて考えてみます。


「間が悪い人」には、次の3つのパターンがあるようです。

1　タイミングが悪い
2　よけいなことを言う
3　自分本位

さっそくそれぞれを見てみましょう。

1　タイミングが悪い

タイミングが悪いとは、会話のキャッチボールができていないということです。次のような行動が当てはまります。

・相手が話を言い終える前に言葉をかぶせる
・最後まで話を聞かずに、「それ知っている」と言ってしまう
・考えて黙っている相手に「じゃあ、こう質問するよ」などと、違う質問をして、相手の考えの腰を折る

2 よけいなことを言う

言ってはいけないことや、相手が言われたくないことを言ってしまう人がいます。このような、よけいな話をするのも「間が悪い」の一種です。

たとえば、セクハラ発言の多くは、間の悪さが影響しています。

こうした発言をしてしまうのは、根底に相手を見下した意識があるからです。相手を見下すとは、実は、自分を肯定できていないということの裏返しなのです。相手を自分より下に見ることによって、自分を相対的に重要な人間であると感じ、自己重要感を満たした

いという欲求があるのです。他人から評価され、自己重要感が満たされている人は、相手を見下す必要がないため、そうした発言をしません。

よけいなひと言を言って相手を見下すクセがある人に出会ったら、「ああ、この人は自己重要感が低いんだな」と思っておけば、それほど腹も立ちません。

3 自分本位

空気が読めない人も間が悪いといえます。

たとえば、相手が「昨日は23時まで仕事をした」という話をしたときに、すかさず「私なんか、夜中の1時まで仕事をした」と勝ち誇ったように言ってしまうような人です。

こうした人の特徴は次の通りです。

- ・相手に勝とうとする
- ・相手の話を奪う
- ・自分が言いたい話に話題を変える
- ・相手の時間を気にせず、話を続ける

間の悪い発言をしてしまう根本的な理由は、「相手のことを考えていない」、あるいは「相手の立場に立って考えることができない」ということです。こうした感覚がセクハラやパワハラにつながります。

私は法律のプロなので、セクハラやパワハラをなくす方法を考えるときは、制度面からアプローチすることになります。たとえば、次のようなことです。

・会社のトップがセクハラ・パワハラ撲滅を重要施策とするメッセージを全社に発信する
・社内で、セクハラ・パワハラを明確に定義し、禁止事項を定め、懲戒その他罰則を整備する
・社員研修を実施する
・セクハラ・パワハラの相談窓口を社内に設置し、発覚しやすいようにする

このような制度面からのアプローチは可能ですが、それよりも根本的な解決方法は、「相

手に敬意を払う」という考え方を身につけるということです。

セクハラやパワハラをする人の根底には、「相手を見下したり、相手に高圧的な態度をとれば、相手よりも優位な立場になれる」という考えが透けて見えます。つまり、自己重要感が低いから相手を貶《おとし》めているのです。この点を本人が理解できれば、セクハラやパワハラは少なくなると思います。

しかし、空気を読めない人に空気を読めというのは難しいかもしれません。そんなときには、怒りの感情がわいたときに、自分を省みる習慣を身につけるといいでしょう。

61ページでも紹介しましたが、心理学者のアドラーは「怒りの行動は、『他者を支配する』という〝目的〟のために使われている」と言っています。

怒り以外にも、相手とコミュニケーションするという目的を果たす方法はあります。それは、相手の話を聞き、好意と信頼を得ることです。

人間関係の最終到達点にあるもの

会話中に沈黙が生まれると、多くの人が「何かを話さなければならない」という気持ちになります。

こうした人たちは、会話中の沈黙は、「話が盛り上がってない」とか、「相性が悪いんじゃないか」などと相手に解釈されるのではないかと不安に思っているようです。つまり、人間関係をつなぐのは会話であって、それが途切れて沈黙してしまうということは、「人間関係ができていない」のではないかと感じているのです。

しかし、私は、実は沈黙こそ、人間関係の最終到達点ではないかとさえ思っています。

ある日、公園のベンチに座っていると、隣のベンチに老夫婦がやって来ました。その老夫婦は、黙ってベンチに座ると、何を話すでもなく、目の前の池を見ていました。

たまにお互いに見つめ合って、微笑んだりしてしばらく時間をすごしていました。そして、おもむろに立ち上がると、また仲良くどこかに歩いていきました。とても微笑ましい光景でした。

同様の若いカップルを見たこともあります。2人でベンチに座り、女性は男性の肩に頭を預け、手をつないで、ずっと黙ったまま、たまに見つめ合って幸せそうな表情をしていました。

そこに会話はありませんでした。

この夫婦やカップルは、人間関係が出来上がっていないのでしょうか。

むしろその逆だと思います。

何も言葉を交わなくても、お互いの信頼関係があり、人間関係が強固に結ばれているからこそ、特に会話を必要としていないのではないでしょうか。

つまり人間関係は、初めは会話することにより、相手のことを深く知り、自分のことを深く知ってもらいます。付き合ううちに、次第に強い信頼関係を築いていきます。そして、最終的には、お互い何も話さなくても、お互いを深くわかり合うことができるというところに行き着くのではないでしょうか。その意味で、沈黙が人間関係の最終到達点ではないのかと思うわけです。

とはいえ、そのような関係であっても、ときにはお互いに怒りを感じることはあるでしょう。そんなときはどうすればよいでしょうか。

『第3の案　成功者の選択』（スティーブン・R・コヴィーほか、キングベアー出版、2012年）という本の中に、そのヒントが載っています。

ネイティブアメリカンの集会では、発言者は「トーキング・スティック」という棒を持って意見を述べるのが習わしだそうです。棒を持っている発言者が、自分の言うことがみんなに十分に理解されたと思えるまでは、誰も口をはさむことはできないというルールなのだそうです。それによって、各人が十分に自分の言いたいことを発言できるようになります。

親しい間柄で、お互いに怒りを感じたときには、この手法を用いるとうまくいくのではないでしょうか。ケンカは、たいていお互いの誤解に基づいています。相手の言い分をよく聞いてみれば、それはそれで納得できる場合も多いと思います。**お互いの誤解を解くためには、相手の発言の途中で割って入るのをぐっとガマンして、最後まで話をさせてあげることです。**

ケンカになったときは、ネイティブアメリカンのように、心にトーキング・スティックを持って、相手が話しはじめたら、終わるまでは沈黙し、相手がすべてを言い切ったら、静かに説明を始めるのがよいでしょう。

そして、お互いの誤解が解けたら、会話は不要になるでしょう。また、沈黙に戻って、静かにお互いを感じる時間に戻るのがよいのではないかと思います。

〈補足〉 なぜ、夫婦はケンカをするのか？

恋人同士が何も言わずに見つめ合っている。それだけで愛情を確かめ合うことができます。

しかし、いざ結婚をしてみると、ケンカの絶えない日々が待っている。

なぜ、夫婦になるとケンカが絶えないのでしょうか？

夫婦喧嘩とはいいますが、「恋人喧嘩」とはいわないのはなぜでしょうか？

まず、一緒に生活をしてみると、価値観の違いが明確になることや遠慮がなくなることが原因だと考えられます。

一方で、夫婦なのだから、理解し合うことが当然という思い込みが強すぎて、相手が期待通りに行動してくれないときに、ケンカに発展してしまうのだと思います。

もちろん、ケンカの発端は言葉です。

相手を理解したり、理解されることは言葉を発するだけではありません。しかし、沈黙は気まずいという思い込みがあれば、つい言葉が多くなります。言葉が多くなるとよけいなことを言ってしまう可能性が高まります。

ここで夫婦喧嘩の典型的なパターンを紹介します。夫が仕事で疲れて帰って来たら、妻が話を聞いてほしいと言ってきました。

妻「ねぇ、聞いてよ」
夫「どうしたの?」
妻「今日ね、PTAの集まりで、時間厳守なのに、Aさんが遅れてくるのよ」
夫「それはいけないね」
妻「それで、私が注意したら、連絡網が遅くて先に予定が入ってしまったなんて言うのよ」
夫「連絡はいつしたの?」
妻「3日前よ」
夫「それは急だね。先方の言い分もわかるな。今度からもっと早く連絡をしたほうがいいね」

妻「何よそれ、あなたは私が悪いと言うの？」
夫「そんなことは言ってないだろ」
妻「もう、いいわよ」
夫「何を怒っているんだよ？」

こうしたケンカは、皆さんにも心当たりがあるのではないでしょうか？

男女の脳の違いに関しては、さまざまな研究がなされています。その中で、女性は共感を求め、男性は結論を求めたがるという説があります。

夫は、妻の話に自分なりの回答を出してしまいましたが、妻が求めていたのは共感です。この場合、黙って妻の話を聞いて、「大変だったね」とひと言言えば、おそらくケンカにはならないと思います。

ほかにも、『話を聞かない男、地図が読めない女　―男脳・女脳が「謎」を解く』（アラン・ピーズ／バーバラ・ピーズ、主婦の友社、２０１５年新装版）という本の中に次のような記述があります。

国を問わず男が女に叫ぶ言葉に、「はっきり言ったらどうなんだ！」というものがある。女の話は遠回しで、望んでいることをまわりくどい言いかたで表現する。婉曲話法は女の専売特許だが、それにはちゃんと目的がある――攻撃や対立、不和を避けて、相手と親しくなり、関係を築くことだ。巣を守る者として、調和を保つための大切な手法なのである。

本書をお読みの男性の方は、女性の話に結論を求めてイライラした経験があるかもしれません。一方、女性の方は、話を聞いてほしいときに、自分の意見を一方的に話す男性にイライラした経験があるかもしれません。

男女の脳の作りが違うのだとすれば、自分の考えがそのまま相手に通じることはありません。異性を理解するためには、沈黙して相手の話に耳を傾けることが大切でしょう。

「好意残高」や「信頼残高」を高める方法

この本は、これまで会話にとって避けて通るべきだと考えられてきた「沈黙」にスポットライトを当てるものです。沈黙を避けるものではなく、むしろ有効に使うテクニックもいくつか紹介をしています。しかし、この本は相手をコントロールするテクニックを紹介するものではありません。また、相手をコントロールすることによって、自分の自己満足を図ろうとするものでもありません。

大切なことは、沈黙を使うことで、相手の気持ちを理解し、同時に、自分の話を理解してもらうことです。そして、よりよい関係を構築していくことです。お互いに、「好意残高」「信頼残高」を高めていくことです。

この点を飛ばして、テクニックを多用すると、逆に底の浅い人間に見えてしまいます。心理テクニックの情報はすでに世の中に溢れています。心理技術や交渉テクニックの中には、「いかに相手をコントロールするか」に重点を置いたものがずいぶんあります。しかし、相手がその情報を知っていれば、あなたの意図は見透かされてしまいます。そうなると、どうなるでしょうか？　あなたの「好意残高」「信頼残高」は、どんどん減少してしまうはずです。

日常生活において、相手と意見が対立することは多々ありますが、意見が対立するということは、お互いの価値観が違うということです。自分の価値観と違う価値観を人は否定しがちですが、価値観に上下も善悪もありません。

たとえば、上司が部下を叱ることがあります。中には、自分の感情を吐き出しているだけの上司もいるでしょう。しかし、心ある上司であれば、部下を育てるために叱っているはずです。反発しているだけでは、その真意はわかりません。部下は、黙って上司の話をよく聞き、その真意を理解するよう努めるべきです。それでも上司の話に納得ができないときは、どうしたらよいでしょうか。

もちろん、自分の意見を伝えるほうがよいのですが、伝え方に気をつけたいものです。部下が上司に「その考えは間違っていると思います」と言ったら、どうでしょう。上司の自尊心は傷つきます。部下は上司を否定的に見るのではなく、「このような考え方もあるではないでしょうか？」というように「情報提供」をすることを心がけるといいでしょう。

反対に、上司の立場に立ってみましょう。自分が叱っているときに、部下が反抗してくることがあります。それは、単に自己防御をしているだけの場合もありますが、実は、どのように行動をすればいいのかがわかっていないのかもしれません。それは、部下を叱るだけではなく、反対に部下に話すように促し、それを黙って聞いてみることが必要です。大切なことを伝えたいと思うなら、多くの言葉を重ねて相手を説得するよりも、少し黙って相手の話を聞き、しばらく沈黙したのちに、大切なことを話すほうが効果的です。

良好なコミュニケーションとは、どちらか一方が利を得るものではありません。双方が納得して、双方の目的を達成するためのものです。

そのためには、話すだけでなく、沈黙することが効果的な場合があるということをお伝えしたいと思っています。

第3章

パワー・アクション

——沈黙とアクションを
効果的に組み合わせる

あなたの言葉は7パーセントしか信用されない!?

あなたの言葉が相手にどのくらいの影響を与えているかをご存じですか？

先に答えを申し上げると、7パーセントです。

話し手が聞き手に与える影響は「言語情報」「聴覚情報」「視覚情報」の3つから構成されていて、それぞれの情報の影響力は次のようになるといわれています。

言語情報……7パーセント
聴覚情報……38パーセント
視覚情報……55パーセント

なんと、声（聴覚情報）と見た目（視覚情報）が93パーセントです。

まさに、「見た目が9割」なのです。

この話を知らない人はショックを受けるでしょう。どんなにいい話をしても、見た目のよい人には負けてしまう。これが真実なら、まさに残酷な現実です。

この話が知られるようになったのは、1971年にアメリカの心理学者アルバート・メラビアンが、話し手が聞き手に与える影響を、研究と実験に基づいて数値化したデータを発表したからです。

この本でもお話ししているように、言葉を発しているとき以上に、沈黙をしているあいだのコミュニケーションは相手に強い影響を与えます。

人間には言語コミュニケーション能力に加えて、非言語コミュニケーション（「ノンバーバルコミュニケーション」といいます）能力が備わっています。

たとえば、あなたが営業電話をかけたときに、相手が「はい、わかりました。検討します」と言ったとします。この場合、声のトーンで買ってもらえそうか、買ってもらえなさそうかを察知することができますよね。

この察知力がノンバーバルコミュニケーションです。

では、話の内容よりも、声や見た目を整えればいいのかと考えるのは少し早合点です。

実は、メラビアンの法則には、前提があります。

メラビアンの実験方法は次の通りです。

1 「好意」「嫌悪」「中立」をイメージする言葉を設定し、それぞれのイメージで録音する（たとえば、「好意」をイメージする言葉は、恋人を呼ぶ「honey」のような言葉）。

2 「好意」「嫌悪」「中立」を表す表情の顔写真を用意し、矛盾した組み合わせで被験者に見てもらう。

3 被験者が「好意」「嫌悪」「中立」どの感情を受け取ったのかを質問する。

4 その結果を分析すると、先ほどの言語情報7パーセント、聴覚情報が38パーセント、視覚情報が55パーセントとなった。

いかに言葉で「楽しいね」と言っていたとしても、声のトーンや大きさがそれと矛盾したつまらなそうなものであれば、「つまらない」と相手に伝わる割合が高く（38パーセント）、態度がため息をつくなどすると、やはり「つまらない」と相手に伝わる割合が高い（55パーセント）ということです。

つまり、メラビアンの実験結果は、「言語と非言語に矛盾がある場合には、非言語の影響力のほうが大きい」というものなのです。

だから、「見た目を良くすれば、何を言っても相手に影響を与えられる」ということではありません。また、「言葉よりも見た目を重視すべきだ」ということでもありません。「言葉だけいいことを言ったとしても、相手には見抜かれますよ」ということです。

言語情報と聴覚情報、視覚情報に矛盾があると、情報を受け取る人は混乱してしまいます。その場合、メラビアンの法則では、表情や見た目の情報を優先するという結果になりました。

だから、他人とのコミュニケーションで重要なのは、矛盾を発生させないということなのです。

そもそも矛盾が起こるのは、言葉数が多いことが原因です。

たとえば、裁判で真実の証言をしていない人に共通するのは、やたらと言い訳めいたことを話すということです。そして、言葉数が増えるほど、矛盾が生まれやすくなります。だから、こちらは黙って聞いていて、矛盾点を指摘すれば、主張を通しやすくなります。

逆に話に矛盾がなく、聴覚情報、視覚情報が話の内容にピッタリと合えば、より伝わりやすくなります。

具体的には、悲観的なことを伝える場合は、あえて声のトーンを落とし、危機感をあおるような声で、悲しい表情を浮かべることで伝わりやすくなります。そして、そのあとには、改善策をにこやかに前向きな言葉で明るく伝えれば、それが相手に受け入れられやすくなります。

メラビアンの法則を参考にするならば、非言語コミュニケーションがいかに重要かということを常に意識しておくことが大切です。

いくらいい話をしても、見た目に矛盾があれば、人に信用されません。

このように、人間には、多くの言葉を費やさなくても、相手に影響を与える非言語コミュニケーションの能力が備わっています。

この章では、沈黙をあと押しするノンバーバルコミュニケーションについてお話しします。

出会いからの数分間に全力を尽くす

第一印象は、出会ってからだいたい6秒から7秒で決まるといわれています。しかも、相手は第一印象をのちのちまで引きずってしまいます。

前項で紹介したメラビアンの法則からも、第一印象でも見た目の影響力が大きいことは理解していただけると思います。そして、最初の印象を悪くすると、あとから挽回するのはとても難しくなります。

つまり、何かを話す前に相手はこちらの印象を決めてしまうのです。

最近は、私も年齢のせいか、あまりお酒を飲まなくなりましたが、若い頃は深夜まで仲間と飲み歩いていました。お酒を飲んで騒いだこともしょっちゅうあります。もし、そんなときに知り合った人が裁判に巻き込まれ、弁護士が必要になったとして、果たしてその人は私に仕事を依頼してくれるでしょうか——なかなか微妙なところです。

「この人に頼んでも、私のことなど真剣に考えてくれないのではないか。どうせ今日も深夜までバカ騒ぎして、私の裁判のことなど忘れてしまうのではないか」などと思うかもしれません。いくら私が「仕事ですから、精一杯やります」と言ったところで、初めの印象をぬぐい去るのはなかなか難しいでしょう。

ここであなたに考えていただきたいのは、私が仕事を終えたあとでお酒を楽しむことと、私の弁護能力とはなんの関係もないということです。相談には全力を尽くして乗りますし、私自身、これまでの実績から信頼していただける弁護士であると自負しています。

しかし、このような場合、第一印象をくつがえす（信頼感を得る）には、大変な労力が必要になるでしょう。

だからこそ、**あなたも誰かと会うときは、第一印象に十分に注意していただきたいと思います。話をする前に勝負は決まっているのです。**

ところで、あなたが弁護士に望む印象は、どのようなものでしょうか？　やはり、落ち着いており、信頼できて、自分のために一生懸命力を尽くしてくれそうな人でしょう。そこで、私の場合、クライアントとの最初の面談では、ゆっくりとドアを開けて、堂々とした態度でゆったりと入室します。話すときは、落ち着いた雰囲気を心がけ、普段よりも低めの声を出すようにしています。

そうすることで、クライアントが期待している弁護士像を作ることができ、信頼関係を結びやすくなるからです。決して、相手を騙しているわけではありません。誤った印象を与えたくないということです。

このような「初頭効果」は、私たちの想像以上に長い期間にわたって相手の印象に影響します。

たとえば、親がいつまでも子どもを子ども扱いするのは、大人になった姿を見ても、子どもだった頃の印象が強く残っているからです。特に、親元を離れ、会うことが少なくなった子どもを心配するような場合は、かつて頼りないと感じたことがあるからでしょう。このように、**人間が最初に持つ印象というものはなかなか変わらないのです。**

同じように、仕事をするときも最初の印象がとても大切です。

最初の仕事で失敗をすると、「仕事ができない人」という印象を与えてしまいます。そのあとの仕事をうまくやっても、最初の失敗の印象が強いほど、「今度はたまたまうまくいっただけ」と思われてしまいます。

初頭効果の活用法として、「アンカリング効果」というものがあります。

アンカリング効果とは、最初に提示された特徴や数値が基準点（アンカー）となって、その基準点の範囲で判断してしまう心理傾向のことです。

たとえば、「１００万円」の時計を見たあとで「10万円」の時計を見ると、１００万円が基準になっているため、10万円の時計が安っぽく感じてしまうという具合です。

ほかにも特徴的な見た目で相手に自分を印象づけることもできます。

たとえば、「几帳面な人」という印象を与えたい場合、メガネをかけて、髪型を七三に分けると、狙い通りの印象を与えることができます。

動きの緩急や大きさで印象はまったく異なる

体の動きも相手とのコミュニケーションに大きく影響します。

たとえば、握手。

利き腕にもよりますが、通常は右手と右手で握手をします。しかし、握手をする際に、左手をさし出されたら、どう感じるでしょうか？

違和感を感じて、何か意味があるのかとか、不吉な予感さえします。

また、大学などの授業で、学生から面白いと評価される先生と面白くないと評価される先生の違いは、話の内容だけではありません。先生の動きです。

下を向いてノートを読みながらボソボソと話す先生と身振り手振りを交えて生徒を見て話す先生とでは、まったく印象が違います。

相手に伝わりやすいプレゼンテーションには、次の3つのポイントがあります。

1　アイコンタクト

「目は口ほどにものを言う」といわれるほど、目はノンバーバルコミュニケーションにおいて重要な役割を果たします。相手から目をそらして話をすると、自信がなさそうに見えます。一方で、聞いている人と目を合わせることで、「あなたのことをきちんと考えています」という意思表示にもなります。

講演やプレゼンテーションでもアイコンタクトは重要です。下を向いて話すのではなく、少しずつ聴衆の人とアイコンタクトをしながら話していったほうがよい印象を与えられるでしょう。

2　開いた状態で相手に向かう

プレゼンテーションの場合、演台のような自分と聴衆をさえぎるようなものを置かず、〝開いた状態〟にすると、相互のコミュニケーションが円滑になります。そして、背中を丸めるのではなく、胸を張っている姿勢にしたほうが、自信に満ちて見えます。

「ＴＥＤ Ｔａｌｋｓ」の動画を見ると、ステージに演台を置いてプレゼンテーションをする人はほとんどいません。ステージの上に何もないほうが聴衆との距離感が縮まるからです。

逆に、相手と距離を置きたいときは、大きめのテーブルをはさんで座るようにします。また、自分と相手のあいだに何か置くようにする――たとえばノートパソコンをディスプレイを開いた状態で自分の真正面に突き出すように置くなどといったことをすると、相手との距離をさらに離すことができます。

3　身振りと手振りを大きく

説得力とは話の内容だけでなく、話し手のエネルギーを伝播させるものです。身振り手振りを大きくすると、エネルギーが伝わりやすくなります。

講演やプレゼンテーションの際は聴衆に堂々と向かい、大きな身振り手振りをする

大きな動作は、相手を引きつける力を持っています。

たとえば、政治家が街頭で演説するときは、必ず大きく手を振っています。それを見た聴衆に頼もしそうとか、力強いなどという印象を与えることができるからです。

この効果を巧みに利用したのが、ナチスドイツのアドルフ・ヒトラーでしょう。

大きな声と聴衆の目をくぎづけにする身振り手振りで、当時のドイツ国民から圧倒的な支持を得ました。

さらに、大きな身振り手振りは、聞く人だけでなく、自分にも自信を与えます。

さて、コミュニケーションには、視線のエネルギー交換という側面があります。

格闘技の試合前に選手がファイティングポーズをとってにらみ合うことがあります。双方、視線を外しません。視線を外すことで、その場で「負け」になってしまうからです。

こうした格闘家とは逆に、発表の場でモジモジして体をクネクネさせる人がいます。いかにも自信がなさそうに見えます。そうなる理由は、聴衆からの視線を避けるために無意識に体をくねらせているのではないかと思われます。

聞いている側の視線のエネルギーが強く、それに耐えきれず、自分の視線をそらしてしまった場合、その場の空気は微妙なものになってしまいます。

服装の命令には逆らえない

裁判官は年中、黒の正装をしています。

その理由をご存じでしょうか？

裁判官は、利害関係者から独立した法の番人の立場で判断するので、誰の影響も受けてはいけない、つまり「何色にも染まってはいけない」ということで、黒い法服を着ています。

しかし、実は、黒い法服は、副次的な効果をもたらしています。重要な判断を下す役割と、その威厳を印象づける効果です。

たとえば、裁判官がクールビズの服装で登場したら、判決を受ける側はどう感じるでしょうか？

あるいは、企業同士の裁判に、弁護士がジーンズ姿で登場したらいかがでしょうか。服装で判決の内容は変わりませんが、裁判の関係者が受ける印象はまったく違ったものになるでしょう。

このように服装にも、ノンバーバルコミュニケーションが機能しています。

たとえば、健康食品の広告に登場する医師は必ず白衣を着ています。白衣を着ることで、広告を見た人はその人を医師だと認知するからです。

服装と同じように、権威を示すのが肩書きです。しかし、服装は肩書きよりももっと強力なノンバーバルコミュニケーションを発揮します。

『影響力の武器』（ロバート・B・チャルディーニ、誠信書房、2014年）という本に、次のような研究結果が書かれています。

依頼者が通行人を呼び止め、15メートル先のパーキングメーターの側に立っている男性を指さします。そして次のようなお願いをします。

「彼は車を出したいと思っているのですが、あいにくと小銭を持ち合わせていません。時間が超過しているので、彼に小銭を渡してあげてもらえませんか?」

依頼人が普通の服装の場合と警備員の服装をした場合では、通行人の反応はまったく違います。普通の服装の場合、約半数が了承したのに対し、警備員の服装の場合はほぼ全員が依頼を受けます。

私たちは服装の命令には逆らえないのです。

私は、あまりに暑い季節を除き、クライアントにお会いするときは、スーツにネクタイを着用しています。それが弁護士としての信頼を得るために最もシンプルで確実な方法だからです。

ビジネスにおける服装は、自分の趣味に走るのではなく、相手が持つ印象を意識してコーディネートするべきだと思います。

弁護士がテレビのコメンテーターになれる理由

テレビのコメンテーターに弁護士が登場することがあります。

弁護士は、法律の専門家で、さまざまな事件を担当するので、社会全般の情報に通じているといえます。たとえば、不倫問題の法律的な見解なども話すことができるので、ワイドショーに登場することもわかります。しかし、法律家の立場から不倫を語ることができても、恋愛観を語ることができるのかは疑問です。と言いますか、恋愛観は各人の主観なので、そもそも専門的知識の範疇外です。それでも視聴者はもっともらしい意見として受け止めます。

これは、どうしてでしょうか？

弁護士に限りません。大学教授など、特定の分野の専門家がワイドショーなどのコメンテーターを務めることがしばしばあります。

これは、私たちのように、特定の分野で深い知識を持つ人間は、そのほかのことも同じように深い知識を持っていると、ほかの人たちに印象づけられるからです。

こうした認知の歪みを「ハロー・エフェクト」といいます。

私たちが、常識だと思っていることにも多くのバイアスがかかっています。

たとえば、

「公務員＝まじめ」

「政治家＝裏の顔がある」

というバイアスを利用してマスコミは記事を書きます。公務員でも会社員でも不祥事を起こすことはあります。それでも、「公務員なのに……」「大企業の社員なのに……」という印象を持ってしまうのは、私たちのバイアスであり、バイアスを利用した記事に注目をさせられてしまうからです。

政治家のスキャンダルも、「やはり」というバイアスがあるので、注目度が高くなります。

そう考えると、自分が「知性的な人」であることを他人に印象づけたければ、「ハロー・エフェクト」を利用すればいいということになります。それには、次の2つの方法があります。

1　特定の分野の専門家になる

人は特定の分野に深い知識や考察力がある人を見ると、その人がほかの分野でも同じように深い知識を持っていたり、考察ができると錯覚します。

たとえば、森永卓郎さんは、もともとは経済学の専門家です。儲けの仕組みを解説する「がっちりマンデー!!」は本業ですが、それ以外にもテレビのコメンテーターとして、経済学を離れた意見を求められることがありますよね。森永さんはご自身の専門分野を軸に秀逸なコメントや見解を出されます。聞いている側は、森永さんは多くのことを知っている人という印象を持ちます。

2　幅広い分野の知識を持つ

幅広い分野の知識を持っている人を見ると、多くの人は「この人はなんでも知っているなあ」と思い、話を聞きたくなります。これは専門分野を持っている人も同じで、自分の専門外の知識が豊富な人と話すのを喜びます。

たとえば、上田晋也さん（くりぃむしちゅー）は、超人気司会者としてバラエティーからスポーツニュースまで引っ張りだこです。幅広い見識があり、芸人さんらしく、面白おかしく話をしてくれます。聞いているほうは感心させられることが多いので、「もっと話を聞きたい」と思います。一方で、専門家の知見を引き出すことにも長けているので、芸人さんでありながら、ボクシングの解説までしています。幅広い知識は、専門家ですら引きつけるのです。

この2つは、どちらがいいということではありません。ご自分にあったほうを選んでいただければいいと思います。もちろん、両方を備えてもかまいません。

私は弁護士という立場でいろいろな業種のクライアントに会うことになるため、法律という専門知識だけでなく、なるべく幅広い分野の情報を得るようにしています。

行動と感情にも「慣性の法則」がある

やる気が出ないときや、落ち込んだときに、あなたはどうしているでしょうか？

「そのうちに、やる気が出るだろう」と放っておくことも1つの方法です。しかし、社会人として仕事をしていると、「やる気が出ないので仕事をしません」というわけにはいきません。嫌でもやるしかないのです。

そんなときは、どうしたら、やる気が出るでしょうか。

物質には、「慣性の法則」というものがあります。

止まっている物体に力を加えなければ、そのまま止まりつづけたままです。反対に、動いている物体に、力を加えなければそのまま動きつづけます。これを慣性の法則といいます。

人間も同じように、やる気のない状態を放置していても、やる気が出ることはありません。なんらかの力を加えないといけないのです。

そこでほとんどの人が間違えるのが、「気合いを入れてやる気を出そう」と考えてしまうことです。

実は、メンタルからやる気を出そうとすることは、逆効果になることがあります。

心理学において「生理的覚醒による優性反応の強化」という考え方があります。

「生理的覚醒」とは、気合いを入れて意識をはっきりとさせることをいいます。そして「優性反応」とは、言葉通り、優勢な反応のことです。「やる気がない」というときであれば、優性反応は「勉強したくない」「仕事に行きたくない」というものになります。

すると、気合いを入れたときには、自分がやりたいことへの欲求が強まるという性質があるので、「勉強したくない」「仕事に行きたくない」という感情（欲求）が強化されてしまうのです。

こんなときに効果的なのは、**ひとまず感情は放っておいて、行動に集中することです。**

つまり、「とりあえずやってみる」ということです。感情は横において体を動かすのです。

「とりあえず、参考書を開こうか」

「とりあえず、駅まで向かおうか」

という具合に、無理なくできそうなところから始めると、やる気のなさが解消されます。

たとえば、運動であれば、「とりあえず、スクワットを1回だけやろう」というようなことです。

このように人間は、感情により行動が鈍る反面、行動により感情が高まるという性質を持っています。

落ち込んだ場合は、ヒザをかかえて部屋の隅で下を向いてしょげかえってしまいます。

こんなときは、上を向くだけで感情に変化が起こります。

また、スキップしながら落ち込むことはできないということも実感できるのではないでしょうか。もちろん、落ち込んでいるときに、スキップをしようという気持ちにはなれません。だからこそ、あえて感情を脇に置いておいて、とりあえずスキップという動きを取り入れるのです。

立ち直りの早い人は、モーションがエモーションに与える影響を知っています。逆に立ち直りの遅い人は、エモーションからモーションを発動させようとします。すると、「生理的覚醒による優性反応の強化」のワナに落ちてしまいます。

やる気がないときに効果的なのは、マイナスな言葉を発しないで、沈黙したままでもいいので、「とりあえずやってみよう」と体を動かすことなのです。

相手との距離で関係をコントロールする

誰かと話をするときに、「やたらと近くで話をする人だな」とか、「距離が遠いな」となどいう印象を持つことはありませんか?

人間には、それぞれコミュニケーションに最適な距離があります。これを「パーソナルスペース」といいます。

誰でも、自分が快適だと思うスペースを保つために無意識のうちに距離をとります。

パーソナルスペースは段階的にいくつかのゾーンに分かれているのですが、一般的には、人が他人と話をするときにはだいたい1・5メートルから2メートルくらい距離をとるようです。

あなたも厳しい商談相手とは距離をとりたいし、恋人とは近づきたいと思うでしょう。お互いの距離は関係性を表します。

たとえば、相手と話をするときにあえて相手のパーソナルスペースに入り込んでみます。スッと1メートルか1・5メートルくらいまで近づいてみて、相手が一歩引いたり、体をのけぞらせたりするようであれば、その人は警戒心が強いタイプだとわかります。

逆に、一歩も動かずに普通に会話をできるようであれば、コミュニケーションがとりやすいタイプだとわかります。

パーソナルスペースの中に入ることができれば、心の距離も近くなります。しかし、パーソナルスペースは、人の防衛本能に根づいているので、気軽に入ると嫌がれることもあります。そんなときは、必然的に距離が近くなるシチュエーションを設定します。

夜の食事の場合は、向かい合って食事をしたあとにバーに行ってカウンターに横並びに座れば、自然と距離が近くなります。相手と正面で向かい合うよりも距離が近くなります。

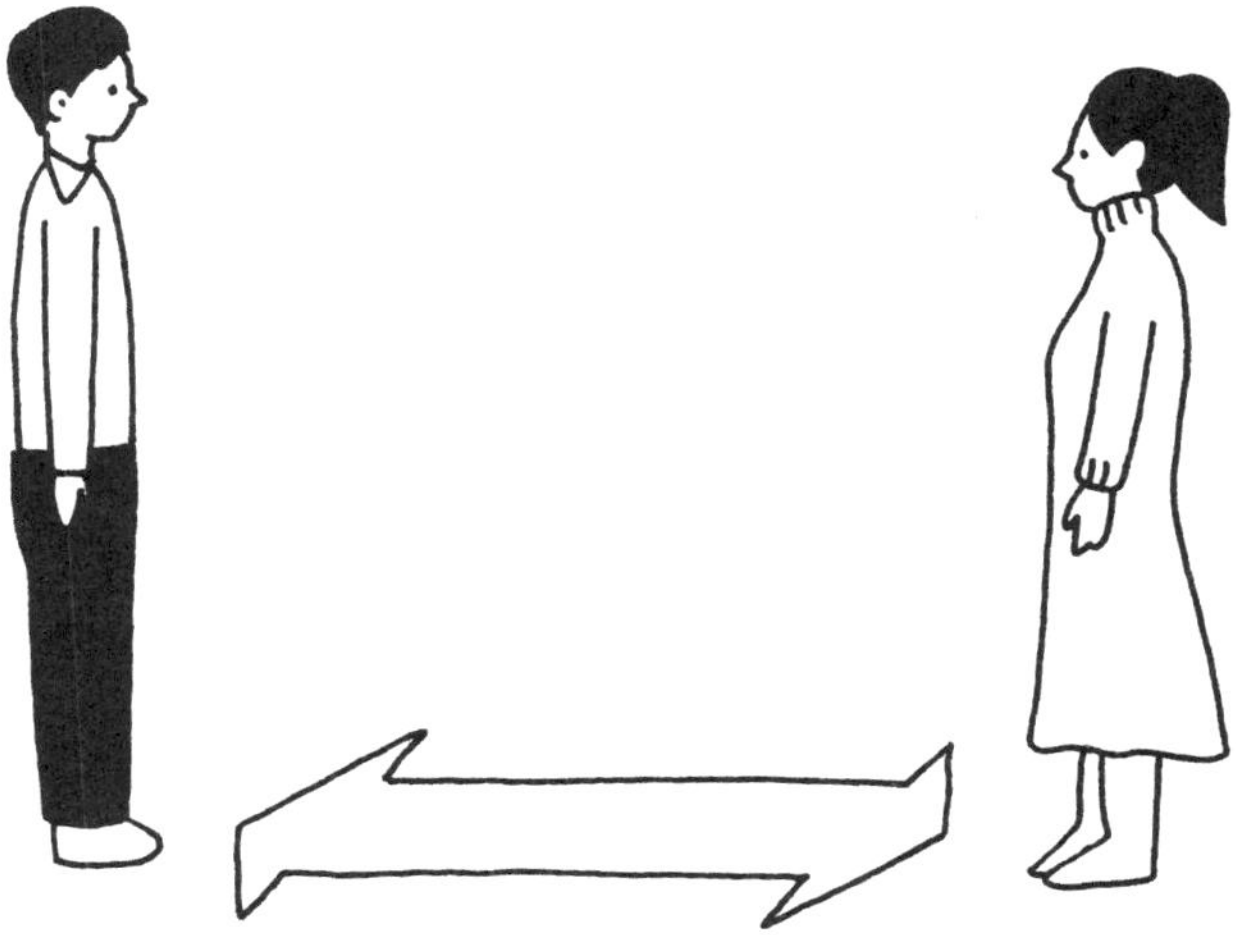

相手との距離をコントロールすることで関係性もコントロールできる

これは、ビジネスだけでなく、デートにも使えるテクニックです。

ほかにも、上下の位置の違いにより、関係をコントロールすることができます。

テレビなどでご覧になったことがあると思いますが、法廷では裁判官は高い位置に座っています。これは上から見下ろすことで、権威を保つことができるからです。

私も裁判で相手側の証人にプレッシャーをかける場合は、立ち上がって証言台に近づいて証人のパーソナルスペースに入り込んで、上から見下ろしながら反対尋問をします。

このように相手との距離をコントロールすることで、関係性もコントロールすることができるのです。

とができるのです、

しぐさは口ほどにものを言う

話を聞く職業の代表として、インタビュアーとカウンセラーがあります。

どちらも聞く技術が重視されますが、インタビュアーとカウンセラーの最大の違いは、相づちの回数だといわれます。

カウンセラーは、インタビュアーよりも相づちの回数が多いそうです。

カウンセラーは、あまり話さない人から話を聞く仕事なので、話を聞く際の相づちが重要になるのです。

それに対して、まったく相づちをしないのが、テレビの討論番組です。参加者の多くが相手が発言している途中で割って入るなど、司会者以外は相づちを打ちません。見ているこちらは、しばしば「この人たちは相手の話を聞いているのかな?」と思ってしまいます。

相づちには、「あなたの話を聞いていますよ。理解していますよ」というメッセージがこめられているのです。

言葉を話さなくても、相手にこちらの共感を使えることができるのです。

さて、ここからは、相手の話を聞くときの〝NGしぐさ〟についてお話しします。

1　相手に対して体が斜めになっている

「斜《しゃ》にかまえる」という言葉がある通り、体が斜めを向いていると相手の話を批判的に聞いている印象を与えてしまいます。

2　体を揺らしながら聞く

貧乏ゆすりはクセかもしれませんが、相手は体の揺れが気になってしまい、会話に集中できません。この状態は「会話の船酔い」とも呼ばれます。意味もなく体を揺らしながら聞くと、相手を疲れさせてしまいます。

3　腕を組んで聞く

腕を組む姿勢は拒否を表現します。相手の話を警戒している心理状態を表しているのかもしれませんが、相手は話しにくさを感じます。

4　ふんぞり返って聞く

年長者が年下の人の話を聞くときに、ありがちなのが、後ろにふんぞり返って話を聞くことです。自分にその気がなくても「偉そうな態度」と見られてしまい、相手にいい印象を与えません。

5　髪の毛をさわる

女性に多い傾向ですが、相手が話をしている最中に、髪の毛をさわっていると相手を軽んじて、集中して聞いていない印象を与えます。

6　目を合わせない

「相手の目を見ない」のは論外ですが、「相手の目を一瞬見るけれど、すぐに目をそらす」というのも、人を不快な気分にさせてしまいます。

相手に対して
体が斜めになっている

体を揺らしながら聞く

腕を組んで聞く

ふんぞり返って聞く

髪の毛をさわる

目を合わさない

スマホをいじる

話をさえぎる

7　スマホをいじる

話している最中にスマートフォンをいじることも、相手の話を聞いていない印象を与えます。最近では、プッシュ機能があるアプリが多いので、通知が気になりますが、特に注意してください。

8　話をさえぎる

相手の話を先読みしたり、話の途中でさえぎって自分の意見を言うと、相手は自分が尊重されておらず、話を聞いてもらっていないという印象を持ちます。

話を聞くときのしぐさは、あなたの想像以上に相手にあなたを印象づけています。ぜひ、相手の目を見て、しっかりと相づちを打ちながら、話を聞くようにしてください。

モノを売るな、体験を売れ

「百聞は一見に如《し》かず」といわれます。どんなに詳しい説明をしても、写真を見せるほうが効果的であり、写真よりも現物を見せて、さわってもらうほうが商品を理解してもらえます。

広告やマーケティングの世界では、現物を見せる、さわらせる手法が数多く使われています。

デパートの食品売り場での試食。

化粧品の広告は、無料サンプルを原寸大で表現します。

学習塾は無料体験で生徒を集めます。

住宅は現地見学会を開催します。

自動車は試乗会に招待します。

人は知識や情報からよりも、体験に強い印象に受けます。

「モノを売るな、体験を売れ」といわれるのはこのためです。

たとえば、あるホテルの高層階にあるレストランでは、料理写真に力を入れたメニューを作成していました。そこに体験を加えるために、「夜景無料プレゼント」という文章と夜景の写真を追加しました。結果、売り上げが大きく伸びたそうです。

また、人は感覚を記憶します。

たとえば、以前に食べたラーメンをまた食べたいと思うとき、ラーメンの味を正確に覚えているわけではありません。美味しかったという感覚を記憶しているのです。

このように体験を通して感覚に記憶させることで、印象を強くすることができます。

また、ものにさわったり、体験をすることで、人は所有意識を持ちます。商品を手に取ることで売れやすくなるのはこのためです。

コミュニケーションでもボディタッチは有効です。ただし、場合によっては馴れ馴れしいと思われることもあるので注意してください。

嫌がられずにボディタッチができるのは、握手です。たとえば、「パワーシェイクハンド」といわれる力強い握手は、お互いの仲間意識を強くします。

相手の心に橋をかける心理テクニック

非意識的模倣をすることで、相手と意識を合わせることができます。

これを心理学では、「ラポール」といいます。

ラポールは「親密な関係」「信頼関係」などと訳されます。フランス語では「橋をかける」という意味があります。

あなたがある人と打ち解けた状態で、お互いのことを信頼して、一緒にいて楽しいと思うときは、2人のあいだにはラポールが形成されているといえます。

ここではラポールを築くテクニックを紹介します。

〈ラポール形成テクニック1〉ミラーリング

「ミラーリング」とは、相手のしぐさや姿勢を鏡に映しているように模倣するテクニックです。

たとえば、ラポールを築きたい人とあなたがカフェでコーヒーを飲みながら話している場合、相手がコーヒーを飲みはじめたら、こちらもコーヒーを飲むといったことです。

世の中にはとてもよく似ている夫婦がたくさんいますが、彼らはもともと似ている人同士が結婚したのではなく、長年連れ添い、互いに無意識にミラーリングを続けた結果、似てきたのだと考えられます。

〈ラポール形成テクニック2〉ペーシング

「ペーシング」とは、相手の話し方やリズムを合わせるテクニックです。ミラーリングが「相手のしぐさ」を真似るのに対して、ペーシングは「相手の話し方」を模倣するものです。

ペーシングのコツは、相手がゆっくり話すならこちらもゆっくりと話す。相手が早口ならこちらも早口で話すとなります。

〈ラポール形成テクニック3〉キャリブレーション

「キャリブレーション」とは、相手の心理状態を言葉以外のサインで認識するテクニックです。言葉以外のサインとしては姿勢、呼吸、表情、声のトーンなどがあります。

たとえば、相手がとても疲れていたとしたら、どんなに口では「大丈夫」と言っていても、声のトーンや顔色などから疲れていることがわかります。こういうサインを読み取り、その人に「少し休んだ方がいいよ」と言ってあげることがキャリブレーションです。

言葉には表れないわずかな変化から相手の気持ちを読み取ることで、相手は信頼感を持ってくれやすくなるのです。

〈ラポール形成テクニック4〉バックトラッキング

「バックトラッキング」とは、おうむ返しのことです。相手の言ったことを自分も改めて言うことで、相手の話を聞いていて、受け止めていることを伝えることができます。特に相手が聞いてほしい話をしているときにうまく使えば、より効果的です。

たとえば、「相手が和解に応じてくれない」と言われた場合、次のように返します。

1　そのままバックトラッキング

「相手が和解に応じてくれないんですか」

2　少し共感したバックトラッキング

「相手が和解に応じてくれないんですか。それは、残念ですね」

3　高度なバックトラッキング

「相手が和解に応じてくれないんですか。それは、残念ですね。でも、あなたの誠意は伝わったと思います。今後も、私が全力で支援します」

バックトラッキングでも、返す言葉によって、ラポールの強さが違ってきます。ラポールは「非意識的模倣」といわれるように、理論よりも感覚的なものです。また、テクニックを使いすぎると逆に信頼を損なうこともあるので、注意してお使いください。

この章では、言語以外のコミュニケーションであるノンバーバルコミュニケーションについて紹介してきました。言葉を使わなくても十分に伝えることができるということをご理解いただけたのではないでしょうか。

コミュニケーションは、話すことだけではないのです。

第4章

パワー・クエスチョン

――会話と交渉は
すべて質問で決まる

質問における「QASの鉄則」

私は、会話において、質問をとても重視しています。

会話は、自分の発言と相手の発言によって成り立っています。

自分ばかり話していては、会話は成立しません。そこで、相手の発言を引き出すことも会話の中では重要になってきます。相手の会話を引き出すためには、相手に質問をする必要があります。

相手の発言を引き出すために重要なのが、「**質問したら沈黙をしなければならない**」ということです。これを、「クエスチョン・アンド・サイレンス（QAS）の鉄則」といいます。

中には、相手に質問をしたにもかかわらず、相手が質問に答える前に、さらに質問をしたり、話しつづけたりする人がいます。すると、どうなるでしょうか。

相手は答えることができず、情報を得ることもできません。

たとえば、次のような会話を考えてみましょう。

「夏休みはどこか行きましたか？」

「ええ、そうですねえ……」

「それにしても暑かったですよねえ」

「ええ、まったく」

「これからも毎年、この暑さは続くんですかねえ」


文章にしてみると、特にわかると思いますが、続けて質問をすると、初めの「夏休みはどこか行きましたか？」という質問がなんだったのかという気がします。会話にとってまったく意味のない質問になってしまっています。

私たちは質問をされると、その質問に答えようとします。この例でも、相手は質問に答えようとしていたはずです。それにもかかわらず、相手が質問に答える前に、次の話題に移ってしまうと、相手の思考を中断してしまうことになります。

相手に質問をして、わざわざ答えを考えてもらったのに、その思考を中断して次の話題に移ってしまうのです。これはずいぶんと失礼な話です。

ですから、質問をしたら、その質問に相手が答えるまで、沈黙して待たなければなりません。これが、ＱＡＳの鉄則です。

重ねて質問をするのも同じです。

「今年の夏休みはどこか行きましたか？」

「ええ、そうですねえ……」

「確か、去年は沖縄に行ってませんでしたっけ？」

「よく覚えてますねえ。沖縄は好きなんですよ」

このように、相手が質問について考えているときに、次の質問をすると、相手の思考は、やはり中断し、次の質問に対して答えようとしはじめます。これも質問の作法に反しています。

質問をしたら、相手が答えるまできちんと沈黙し、相手が答えたあとで、次の質問に移らなければなりません。

このＱＡＳの例外は、質問を間違えてしまった場合です。

あまりに抽象的な質問をしたために相手が答えに窮してしまったり、間違った誘導的な質問をしてしまい、「あっ、こんな質問するんじゃなかった」と思ったときです。このようなときは、「すみません。答えにくいですよね」と言って、質問をし直すほうがよいでしょう。

ところで、質問には、多くの人が気づいていない4つの力があります。あなたは、質問の持つ4つの力をすべて言えますか？　これから説明します。

質問が持つ4つのパワー

質問には、次の4つのパワーがあります。

1　思考を誘発する
2　思考の方向を誘導する
3　発言させる

4　発言した内容に縛りつける

それぞれ見ていきましょう。

1　思考を誘発する

少し考えてみていただきたいのですが、最初に恋をしたのはいつか、覚えていますか？

今あなたは、この本を読んで、会話における沈黙の役割について考えています。しかし、「最初に恋をしたのはいつか、覚えていますか？」と質問されると、そのことを一瞬でも考え出すのではないでしょうか。

それ以前に考えていたことと、まったく違うことでも、質問をされると、とにかくその質問について考えはじめてしまうのです。つまり、質問には、「思考を誘発する」という力があることになります。

したがって、「**相手に何かを考えてほしければ、質問をすればよい**」ということになります。配偶者に、子どもの将来について考えてほしければ、「あなたは子どもの将来のことを全然考えてないじゃない！」などと言ってはいけません。

これは個人攻撃です。個人攻撃を受けると、人は自分を守ろうとします。「何だと！お前だってなんだ！」などと、話は、お互いの人格に対する攻撃へと発展することは目に見えています。

ここでの目的は、配偶者に子どもの将来のことについて考えてもらうことです。そうであれば、質問をすることで相手の思考を誘発しましょう。

「子どもの将来のために、今から何かできることはない？」と質問すれば、「そうだなあ」と考えはじめることでしょう。

また、相手に何かをイメージしてほしければ、質問をすればよいということになります。

仮に、あなたが不動産会社の営業マンでマンションを売っているのだとしたら、お客様に部屋を案内しながら、「この部屋は人気なので、午後にも別のお客様をご案内することになっています。すぐ決めましょう」などと焦らせる前にやることがあるはずです。

「この部屋は、リビングですか？　それとも寝室ですか？」「ベッドはどこに置きますか？」などと、購入したあとのことをイメージをするような質問を投げかけることによって、「自分がこの家の所有者だ」とお客様の思考を誘発した方がよいということになります。

これが、質問の「思考を誘発する」というパワーです。

2　思考の方向を誘導する

たとえば、子どもがテストで悪い点数をとってきたときに、「なんでお前はそんなに出来が悪いんだ？」と叱ると、子どもは「なんで自分は、こんなに頭悪いのかなあ？　遺伝かな？」などと考えはじめます。

これに対し、「次回、テストでもっとよい点をとるために、どんな準備をすればいいと思う？」と質問すると、子どもは「やっぱり予習、復習かなあ？　それとも塾に行ったほうがいいのかなあ」などと考えはじめます。質問の仕方次第で、相手の思考の方向性がまったく違ってくるのです。

同様に、ミスを繰り返す部下に対し、「こんなミスばかりしていたら、どうなるかわかっているか？」と質問すれば、「どうなるんだろ。クビかな？」などと考えはじめることでしょう。しかし、「今回のミスは、どうすれば防げたと思う？」「次回、同じようなミスを繰り返さないために、今のうちに、何か準備ができないか？」などと質問すれば、再発防止への行動を促すことができるでしょう。

これが、「質問することによって、相手の思考の方向を誘導する」ということです。

したがって、質問をするときには、相手にどういう方向で考えてほしいかをよく考えて質問を作ることが大切です。

3 発言させる

私たちは質問をされると、とにかくその質問に対して答えないと失礼だと思い、質問に答えてしまいます。

質問されたにもかかわらず、無視しつづけるのは至難の業です。とにかくなんでもいいので、答えようとします。つまり、黙っていることができず、発言することになるのです。

ですから、**相手に何か発言してほしいときは、質問をすればよい**ということになります。

4 発言した内容に縛りつける

私たちは、自分が何か発言した場合には、その内容に矛盾した言動をするのが難しくなります。たとえば、会議においてA案とB案が提出されたとします。なんとなく「A案がいいと思う」と発言してしまうと、そのあとの議論でB案がよいと思っても、見解を変えるのが難しくなってしまいます。自尊心が邪魔をするのです。

したがって、相手の行動を縛りたければ、相手に質問して発言させることです。

「来週の誕生日会は参加してね」と言いっ放しにするよりは、「来週の誕生日会は参加してくれる?」と質問し、「うん」と答えさせ、「何時頃に来てくれる?」と質問し、「う一ん。3時くらいかなあ」と答えさせておくことです。そうすれば、言いっ放しの場合よりも、誕生日会に参加してもらえる確率は、ぐんとアップすることでしょう。

質問するときには、これら4つのパワーをどう使うかをよく考えることが大切です。

質問することで達成できる6つのこと

質問には目的があります。

目的のない質問は、相手をイライラさせますし、答えを聞いた自分にもメリットがありません。

たとえば、商談の席で、「趣味はなんですか?」というような的外れな質問をすると、相手が呆れます。こうした場合、商談がひと通り終わり、信頼関係ができてから、「日焼けしていらっしゃいますが、休日は何かスポーツをなさっているのですか?」などと質問をするべきでしょう。

ほかにも何度も同じことを質問したり、インターネットで検索すればわかるような簡単なことを質問する人も相手をイラっとさせてしまいます。

質問は、「ただ思いついたことを聞けばよい」ということではありません。目的にしたがって質問の仕方も違ってくることになります。質問で達成できることは、主に次の6つです。

1 情報を引き出す
2 好意を獲得する
3 人を動かす
4 人を育てる
5 議論に勝つ
6 自分をコントロールする

それぞれ見ていきましょう。

1　情報を引き出す

大部分の人が質問をする際に持っている目的でしょう。「自分が知りたいことを相手に質問して、教えてもらう」ということです。情報を引き出すためには、適切に質問しなければなりません。

もちろん、「誰に質問すれば情報を引き出せるのか」ということも考えなければなりません。また、相手が忙しくしていたり、何かに集中しているようなときに質問しても、真剣に答えてはくれないでしょう。つまり、適切なタイミングで質問することも大切です。そして、適切な内容の質問をすることです。相手が答えやすいような質問を考えて質問するのです。

2　好意を獲得する

私たちは、自分のことを話すのが大好きです。会話の中で最も多く使われる言葉は、「私」「俺」などの自分を指す言葉でしょう。自慢話や興味のある話などをするのは楽しいものです。

したがって、相手の好意を獲得したかったら、相手のことに興味を持って質問をすることです。たとえば、相手との共通点を探すために「ご出身は、どちらですか？」などと質問し、「そうなんですか！　私も同郷です」などと距離を縮めていくことです。そのために、質問がおおいに役立つでしょう。

3　人を動かす

先ほど紹介した質問の4つのパワーを使うものです。「来週のプレゼンテーションを成功させるために、今すぐ準備しておくことはなんですか？」などと、相手が行動するように誘導することができます。

4　人を育てる

質問をすることにより、子どもや部下などの思考を誘導し、育てていくということです。先ほどの質問のパワー「2　思考の方向を誘導する」を使います。

たとえば、部下がミスをしたら、「なんでこんなこともできないんだ？」と質問するのではなく、「次回、同じミスをしないために、どうすればいいと思う？」などと、質問によって成長を促していくことです。

5　議論に勝つ

議論では、「質問にまわるほうが強い」ということです。

議論というのは、自分の主張を強くし、相手の主張を弱くすることを目的とするものです。そのために相手の論理の弱点をつき、自分の主張の論理を補強します。相手に質問をすれば、相手の論理の矛盾を発見することができます。また、質問をしている限り、自分が論理矛盾に陥ることはありません。

古代ギリシアの哲学者であるソクラテスがめっぽう議論が強いのは、常に質問する側にまわっているためです。

6　自分をコントロールする

質問は、他人に対してだけでなく、自分にするものでもあるということです。

考えるという行動は、「自分に質問をする」ということです。

たとえば、「もっと楽をするにはどうしたらいいかな?」と自分に質問したら、楽をする方法しか考えつきません。しかし、「毎日続けるには、どんな方法が考えられるかな?」と自分に質問したら、いろいろな工夫を考えつくことができます。

同様に「なんで自分はこんなに不幸なんだろう？」と質問するよりも、「今の自分が幸せに感じられることってなんだろう？」と質問するほうがずっと人生が豊かになるでしょう。

答えやすい質問で情報を引き出す

昔の刑事ドラマで、取調室で「お前がやったんだろう！」と刑事が凄むシーンがありますが、凄まれた犯人が「すみません！　俺がやりました！」という展開にはなりません。

一方で、犯人にカツ丼を食べさせて、刑事が「国の母親が悲しんでいるぞ」と言ったあとに、沈黙をすると、犯人が涙を流しながら自供するというようなシーンがあります。

今となってはチープな演出に見えますが、高圧的に自供を迫るよりも、沈黙を使うほうが効果的だということは昔から変わらないようです。

会話の相手から情報を引き出すには、質問をし、相手が答えるまで沈黙をするＱＡＳ（クエスチョン・アンド・サイレンス）が大切です。しかし、それだけでは十分ではありません。

①適切な相手に、②適切なタイミングで、③適切な質問をすることが大切です。

たとえば、一級建築士に相続税のことを聞いても、有益な情報が得られることはほぼないでしょう。相続税のことを知りたければ、税金の専門家である税理士に質問したほうが適切な回答を得られるでしょう。質問をするときには、常に「この人に質問するのが適切なのだろうか？　もっと適切な人はいないだろうか？」と自分に質問し、適切な相手を探すことが大切です。

また、質問するタイミングも考えなければなりません。上司に仕事の手順について質問しようとしたときに、ちょうど上司が外出しようとしてバタバタしていたとします。そのようなときに質問しても、「そんなことは、自分で考えてやってくれよ」などと言われるのがオチです。丁寧に考えて答えてくれることは難しいでしょう。したがって、よく相手の状況を見て、きちんと情報が得られそうなときを見計らって質問することが重要です。

そして、最も大切なことは、「適切な質問」をすることです。たとえば、友だちに「私の悪いところは、どこだと思う？」と質問しても、「君の悪いところは、嘘つきなところだよ」などと答えてくれることはほぼないでしょう。というのも、答えにくい質問だからです。それよりも、「少しずつ自分を変えていこうと思うんだけど、周りの人から好かれるために、何かアドバイスをもらえないかな？」などと質問したほうが相手も答えやすいことでしょう。

あるいは、営業コンペで落選したときに、「当社は、どこがダメだったのでしょうか？」とお客様に質問しても、「いや、別にダメじゃないよ」と言われることでしょう。相手もわざわざ人にネガティブなことを言って嫌な気分にさせたくないでしょうから。

そんなときは、物事を反対から見て、「今回、○○社（ライバル会社）をお選びになった一番のポイントはなんですか？　今後のために教えてください！」と言えば、「そうだねえ。あそこはフットワークがよかったから、フォローもいいかと思ってね」などという答えが返ってくる可能性が高まるでしょう。その反対側（自社に欠けていること）が落選の理由だとわかります。

このように、欲しい情報について質問するときは、相手が答えやすい質問をすることもポイントです。

また、有益な情報を引き出すためには、ダメな質問をすることも避けなければなりません。

たとえば、相手に質問しておいて、相手が答えた途端、「それは無理！」とか「そんなのナンセンスだよ！」などと否定してしまうと、相手は今後、有益な情報をくれなくなってしまうでしょう。相手に質問して、答えてくれたら、その答えを尊重することです。反対の意見を表明するのは、そのあとでも十分です。

また、ＱＡＳの鉄則も守らなければなりせん。質問したら、相手が答えるまで沈黙することです。できる限り、相手が答える前に追加で質問をしたり、別の話題を振ったりしてはいけません。

「いい質問」で相手に好かれる

人に好かれる方法は、先に相手に好感を持つことだといわれます。

人が相手に好感を持つのは、「自分の話を興味深く聞いてくれている」と感じたときです。

相手の話を聞くためには、質問をします。質問して、「相手が答えるまで沈黙する」ことで、人間関係を良好にすることもできます。

人間関係を良好にするには、相手から好意を持たれるかどうかがポイントになってきますが、質問をうまく使うことによって、相手の好意を獲得することもできます。

まず、私たちが好意を感じるのは、「自分と相手との共通点」を見つけたときです。

たとえば、「ご趣味はなんですか？」と質問し、相手が「登山です」と答えたとしましょう。そのとき、自分も同じ趣味を持っていたら、どうでしょうか？「そうなんですか！私も毎週、山に登っているんですよ。今度、ご一緒しませんか？」などと大いに盛り上がり、お互いの距離が縮まることでしょう。したがって、相手との共通点を探すために、質問をし、共通点が見つかったら、その話題を深めていくことで、相手の好意を獲得することができます。

また、私たちは、賞賛されたり、ホメられたりするのが大好きです。自分の意見をいつも否定したり、何かと突っかかってくるような人は好きになれませんが、いつもホメてくれる人には好意を抱きます。したがって、相手の自慢できるようなところを見つけ、それを賞賛することによって、相手の好意を獲得することができます。

相手の自慢できるようなところを見つけるためには、やはり質問することです。今まで相手は何をしてきたのか、どこでどういう成果をあげてきたのか、何を大切にしているのかなどを質問し、賞賛できるところを見つけたら、すかさず心からホメることです。そうしたら、相手の自尊心は満足し、きっとあなたに好意を抱いてくれるはずです。

さらに、好意には「返報性の法則」が働きます。自分を嫌っている人に対しては、こちらも嫌な気持ちを抱きますが、自分に好意を持ってくれている人には、こちらも好意を抱いてしまいます。ですから、相手に好意を持ち、興味を抱き、積極的に相手に対して質問することです。そうすれば、返報性の法則により、好意を獲得することできるでしょう。

自分は相手を嫌っておきながら、相手からは好かれようなどということが通用するはずはありません。テクニックを使っているだけでは、相手に本心を見抜かれてしまいます。

では、相手に心から好意を抱くには、どうしたらよいのでしょうか？

そのときにも、質問を使います。自分に対し、「この人が私よりも優れているところはどこだろう？」「この人のよいところは、どんなところだろう？」と質問するのです。そうすれば、相手のよい面が見えてきて、好意を抱きやすくなるでしょう。

質問で相手の答えを縛る方法

質問には、答えやすい質問と答えにくい質問があります。

答えにくい質問とは、意味がわかりにくい質問です。

たとえば、就職の面接で「将来はどんな仕事をしたいですか?」というのは答えに困る質問です。面接に来ているのですから、「その会社でどんな仕事をしたいのか」なのか、あるいはもっと大きな視野で考えればいいのかと、質問を受けた側が迷います。

仮に「社会に貢献する仕事をしたいです」と答えたとして、面接官が「具体的ではない」と判断をして採用を見送られてしまっては元も子もありません。

適切な質問とは、相手が答えやすい質問のことをいいます。

答えやすい質問をするために、「オープン・クエスチョン」と「クローズド・クエスチョン」について知っておくといいでしょう。

「オープン・クエスチョン」は、たとえば「今、どんな気分ですか?」といったように、自由に考えて答えることを求める質問です。

「クローズド・クエスチョン」は、「今日の会議に出席しますか?」などのように、「イエス」か「ノー」で答える質問というように説明されることが多いようです。

しかし、実は「オープン・クエスチョン」と「クローズド・クエスチョン」は、二者択一ではありません。「質問にどの程度制限をかけるか」とか「どういう方向の質問をするか」

によって、無限の広がりを持ちます。

たとえば、「沈黙について、どう考えますか？」という質問は、「相手が沈黙について考えていることを自由に答えてもらおう」という意図で発するものです。

質問の仕方を変えることで、思考の自由度を制限することができます。

たとえば、「会話の中で沈黙を有効に使うには、どうしたらいいでしょう？」と質問すると、答えは、会話の中での沈黙の有効性に制限されることになります。単純にオープン、クローズドに分類することができなくなってきます。

思考の方向性も変えることができます。「会話で沈黙してはいけない場面とは、どんなときでしょうか？」と質問すると、先ほどとはまったく違う思考になります。

思考の自由度をさらに制限することもできます。「会話の中で長い沈黙を有効に使うには、どうしたらいいでしょうか？」と質問すると、単なる沈黙ではなく「長い沈黙」に思考が制限されることになります。

このように、質問に対する制限のかけ方によって、思考の自由度の制限を無限に変えることができるのです。一概に「オープン・クエスチョン」と「クローズド・クエスチョン」に分けられないのです。

したがって、質問するときには、次の2つを考えて、質問することが大切です。

1　相手にどれくらい自由に考えてほしいのか（自由に考えてほしいときは、なるべく質問に制限をかけず、オープンにする）

2　思考の方向性をどれくらい制限したいのか

クローズド・クエスチョンは、答えを制限するものですが、これは、答えが自分の想定の範囲内の場合でなければなりません。

たとえば、「A店舗の売り上げが下がっているのですが、場所を移転するほうがいいと思いますか？」というクローズド・クエスチョンをすると、「移転したほうがいいと思う」とか「移転しないほうがいいと思う」という制限がかかった答えが得られます。

しかし、相手が「〇〇という方法をとれば、売り上げは回復するのではないか」と考えていたとしても、その答えは得られない可能性もあります。これは、質問者の想定の範囲外の回答ですが、このような想定の範囲外の回答は、ある程度オープンな質問でないと得られないのです。

たとえば、「A店舗の売り上げが下がっているのですが、どうすればいいと思いますか？」のように制限をある程度外した質問をすれば、売り上げの回復に関する回答が得られることでしょう。

したがって、オープン・クエスチョンとクローズド・クエスチョンは、そのときどきで柔軟に使うことが大切だと思います。

5W1Hの中の嫌われ者とは？

情報において肝心なものは正確性です。

たとえば、家族が「交通事故にあった」という連絡を受けたとします。

大変なことですが、「家族の誰が」「どこで」「どんな事故にあって」「今どうなっているのか」がわからなければ対応ができません。

正確な情報を得る質問は、5W1Hを活用します。

5W1Hとは、「いつ（When）」「どこで（Where）」「だれが（Who）」「何を（What）」「なぜ（Why）」「どのように（How）」の6つで、質問の基本形です。

この5W1Hを使うことで、自由に質問を作っていくことができます。


「いつ仕事が始まるのでしょうか?」

「仕事の現場は、どこでしょうか?」

「今回の仕事は、誰と一緒でしょうか?」

「今回の仕事は、何をするのでしょうか?」

「なぜ、この仕事をするのでしょうか?」

「どのようにこの仕事をするのでしょうか?」


このように、5W1Hを駆使して質問を作っていくのですが、この中で1つだけ使い方に気をつけなければならないものがあります。

それは、「なぜ(Why)」です。

日常会話で「なぜ(Why)」を使う場合には、注意しなければなりません。たとえば、次のような会話を考えてみましょう。

「なぜこの仕事に就いたのですか？」

「アパレルの仕事をしてみたかったからです」

「なぜアパレルの仕事をしてみたかったのですか？」

「昔からかっこいいな、と思っていたからです」

「なぜかっこいいと感じるのですか？」

「ファッションに興味があるからです」

「なぜファッションに興味があるのですか？」

「……」


このように、**「なぜ？」という質問を繰り返すと、答える側がとてもストレスを感じます。**なぜストレスを感じるかというと、「なぜ？」という質問に対する回答は、「なぜなら……」のように、論理的な回答になるためです。論理的な回答をするためには、頭を一生懸命働かせなければなりません。そのために、脳に負担がかかってしまうのです。脳に負担がかかるために、「なぜ？」を繰り返されるとストレスを感じるのです。子どもから、「なぜ？」を連発されると途中で面倒くさくなってしまうのも、これが理由です。

したがって、日常会話の中で「なぜ?」を使うときは、できる限り連発しないように注意しなければなりません。では、続けて「なぜ?」と聞きたいときは、どうすればよいでしょうか?

それは、5W1Hのほかの仲間の力を借りることです。

「なぜアパレルの仕事をしてみたかったのですか?」という質問を続けてしたいと思ったら、

「いつからアパレルの仕事をしたいと思いはじめたのですか?」
「誰かの影響でアパレルの仕事をしたいと思ったのですか?」
「アパレルの仕事のどういう部分が好きですか?」

というように、「なぜ?」をほかの4W1Hで言い換えれば、答えやすくなります。

「なぜ?」は、論理的な回答を要求するということから、「日常会話では要注意」ということになりますが、逆に言うと、論理的な会話が要求される場面では、「なぜ?」を積極的に使うことが必要とされます。

「なぜ、今回のミスが発生したのか?」
「なぜ、この書類がほかの書類に混在したのか?」
「なぜ、送付する前に確認作業を怠ったのか?」

など、原因を究明していくときなどは、論理的に考えていくことが必要です。そのような場面では、「なぜ?」を多用し、論理的に突き詰めていくことが大切です。

このように、使う場面を考えながら、5W1Hを有効活用していくようにしましょう。

悪用厳禁! 誘導質問のすごいパワー

相手に質問をして、正解を答えてほしいと思ったときに、私たちはヒントを出します。

中には、ヒントの出し方が上手な人と下手な人がいます。

たとえば、歌謡曲の曲名を当ててほしい場合、「ラララ、ラララ……」という具合に歌い出す人がいます。そのまま正解がわかるという場合もあれば、音痴なのでよくわからないということもあります。どちらにしてもよいヒントとは言えません。

よいヒントとは、相手に考えさせて正解に導くものです。

質問にも相手の思考を誘導する方法があります。


質問の2つ目のパワーに、「思考の方向性を制限する」というものがありました。

「質問の仕方によって、相手に考えてほしい方向で考えてもらうことができる」というパワーです。

先ほども説明したように、子どもがテストで悪い点数をとってきたときに、「なんでお前はそんなに出来が悪いんだ?」と叱ると、子どもは、「なんで自分は、こんなに頭悪いのかなあ? 遺伝かな?」などと考えはじめます。

これに対し、「次回、テストでもっとよい点をとるために、どんな準備をすればいいと思う?」と質問すると、子どもは「やっぱり予習、復習かなあ? それとも塾に行ったほうがいいかなあ」などと考えはじめます。質問の仕方によって、思考の方向性が決まってしまうということです。

このパワーを使うことによって、相手の思考を、自分の意図する方向に誘導することもできます。

私が大学生のときの話です。引っ越しをしようと思い、不動産屋に行って、物件を2つ内見しました。1件目はボロボロでした。2件目はきれいでしたが、大学から遠いので、2つともやめようと思いました。

帰り道、不動産屋さんが、「どっちの物件がよかった？」と聞いてきたので、私は「どっちかというと、2つ目ですかねえ」と答えました。すると、「あの物件は人気が高いからねえ。どうしよう。手付けを打っちゃう？　それとも申し込みだけしておく？」とさらに質問されたので、なんとなくどちらかの手続きをしないといけないような気持ちになり、「じゃあ、申し込みだけしておきます」と答えました。

そして不動産屋の店舗に戻って、申込書を書いていると、「手付けは3日以内だけど、どうする？　明日来れる？」と聞いてきました。私は「えっ？　3日以内？　じゃあ、明日がんばって来ます」と答え、結局その物件を借りることになりました。

私は当初、2件ともやめようと思っていたのに、結局、借りるハメになってしまったのです。これは、あとで考えてみると、誘導質問でした。不動産屋さんは、「どっちの物件がよかった?」と質問してきました。これは「どっちもよくない」という答えを排除して、どちらかがよかったかのように答えを誘導するものです。

また、「あの物件は人気高いからねえ。どうしよう。手付けを打っちゃう? それとも申し込みだけしておく?」という質問と「手付けは3日以内だけど、どうする? 明日来れる?」は、「契約しない」という選択肢を排除する質問でした。

私は誘導質問にひっかかり、大学から遠い物件に引っ越すことになってしまったのです。

このように誘導質問を使うことにより、相手の思考をある程度誘導することができます。作り方は、相手の思考を誘導したいことを当然の前提としてしまい、その上でその先の質問をすることです。

たとえば、会いたい人がいる場合、次の2つの選択肢があるとします。

1 会う、会わない

2 会うとすれば、いつか

この場合、1を当然の前提にして、2で質問を作ります。

たとえば、「来週、御社の近くにうかがうのですが、水曜日と木曜日では、どちらがご都合がよさそうでしょうか？」という具合です。

また、営業の場面で、あるシステムを導入すると、

1　経理業務が効率化されるか、されないか

2　効率化されるのであれば、説明を聞くか、聞かないか

という判断があるときに、1を当然の前提にして、2で質問を作ります。

つまり、「なぜ、このシステムを導入すると、御社の業務が効率化されるのか、そのご説明をさせていただいてよろしいでしょうか？」となります。

なぜ誘導質問には、相手の思考を誘導する力があるのかというと、人は質問されると、そのことについて考えてしまう傾向があるからです。質問されると、とにかく答えようとして、その質問に注意が向きます。そのために、前提問題に対する注意が欠落してしまうのです。

ただし、注意しなければならないのは、誘導質問をされると、誘導された方は、違和感

を感じたり、強引な印象を持ったりといった悪い感情を持つことがあります。したがって、濫用しないように気をつけなければなりません。

「いい質問」が人を育てる

教えることと考えさせることは、どちらが人を育てるでしょうか？

マネジメントの経験がある人でしたら、考えさせることが成長につながることをご存じだと思います。

質問には、人を考えさせる力があります。ですから、「相手に質問し、相手が答えるまで沈黙する」という方法で、人を育てることもできます。質問による思考の強制力を使うのです。子どもに質問し、考えさせて成長させる、部下に質問し、自分の頭で考えさせて成長させるなど、人を育てる強力な武器になります。先ほど紹介した「質問することで達成できる6つのこと」の「4　人を育てる」のことですね（149ページ）。

さて、人を育てるために質問をするときには、ポジティブ・クエスチョンにすることが重要なポイントとなってきます。この反対が、ネガティブ・クエスチョンです。

子どもがテストで低い点数をとったときに「なんでお前は、そんなに出来が悪いんだ?」と質問すると、子どもは、「なんで僕は、こんなに頭が悪くなったのだろう? 誰のせいだろう?」などと、ネガティブ思考になっていきます。

部下がミスをしたときには、「なんでこんなこともできないんだ?」と質問すると、部下は、「私は、なぜこんな簡単な作業ができないのだろう?」とネガティブ思考になっていきます。

それでは子どもも部下も成長していくことはできません。逆に、どんどんマイナスの方向に考えてしまうことでしょう。

そこで、子どもや部下がポジティブに考えるように、質問をポジティブ・クエスチョンに変えていくのです。

子どもがテストで低い点数をとったときには、「次回、今回より高い点数をとるためには、どんな準備をしておいたらいいと思う?」と、ポジティブ思考を促すようにしましょう。

また、部下がミスをしたときには、「次回、この作業を正確に行なうためには、どうしたらいいと思う?」とポジティブ思考を促すようにしましょう。

ポジティブ・クエスチョンを作るときに役立つのが、5W1Hです。

思考をポジティブに変換した上で、5W1Hを使って質問を作るのです。


「次回、うまくできるには、何が必要かな?」

「次回、うまくいくためのポイントは、どこだと思う?」

「次回、うまくいくためには、誰に協力してもらえばいいかな?」

「どういう方法だったら、次回はうまくいくかな?」


このように5W1Hで質問を作って、その中で最適な質問をするようにしましょう。

それによって、子どもや部下がポジティブな思考になり、成長が促されることになるでしょう。


ポジティブ・クエスチョンは、質問者の思考そのものです。普段からあなたがネガティブな考え方をしているとすれば、とっさにネガティブ・クエスチョンが出てきてしまうでしょう。質問には、その人の価値観がそのまま表れてしまうのです。

質問は、このように、相手の思考の方向性を決めます。つまり、相手に強い影響を与えるということです。相手にポジティブな影響を与えたければ、ポジティブ・クエスチョンをしなければなりません。そして、ポジティブ・クエスチョンをするためには、私たちは、普段から自分自身がポジティブな考え方をしなければならないのです。

ポジティブな会議は質問で作る

会社においては、まったくの時間のムダになる場合と、重要な意思決定ができる場のどちらにでも転ぶのが会議です。

限られた仕事時間の中で、会議のやり方は生産性に大きく影響をします。

この章の最後に、議題の提示の仕方、つまり質問の仕方によって、会議がまったく違ったものになるということについてお話ししたいと思います。

会議は、議題を提示し、その議題に関して質問や討論などをする場です。その議題に従って、内容を判断するのに必要な資料や数字（データ）などを準備して会議が進められることになります。

したがって、会議の内容は、「議題によって方向性が制限されている」ということができます。質問によって思考の方向性が決まるのと同じです。

たとえば、「A店舗を閉鎖するかどうか」という議題が提示されたとします。

そうすると、議論は「A店舗を閉鎖したほうがよいのか、あるいは継続したほうがよいのか」という方向性に沿って行なわれることになります。

しかし、「A店舗の業績回復策について」というような議題の提示の仕方をすると、会議の内容はまったく異なったものになります。

「A店舗の業績を回復させるには、どのような方法があるのか」という内容が議論されるようになるのです。

このように、会議においては、議題の設定の仕方いかんによって大きくその内容が変わってくることになります。


会議を前向きなものにする方法もあります。

たとえば、あるプロジェクトを成功させたいので、そのための会議をするとします。

本来であれば、そのプロジェクトを成功させるための方法が提案されるべきですが、往々にしてそれに反対する意見が出たりします。

「それは無理なんじゃないか」とか、「予算の関係で厳しいよ」というような反対意見です。

それによって、前向きな意見がつぶされるということがよく起こります。「できるよ」「いや、できないよ」というような対立軸ができてしまうのです。

ここで会議のルールを少し変えてみます。

ネガティブな発言や「プロジェクトが成功しない」という方向での発言を一切禁止するのです。そうすると、プロジェクトを成功させるための方法に関する議論しかしないことになります。

たとえば、ある方法を思いついても、予算の関係で難しいというような問題があったとします。そのような場合も、「予算の問題でそれは無理だよ」というような意見は禁止です。「では、どうしたら予算をクリアできるだろうか」という新しい前向きな議題を設定し、できる前提での議論しか許さないようにするのです。

そうすると、プロジェクトが成功する前提での議論になるので、問題点が出てきても、それを乗り越えるための方法論が次々と提案されるようになります。

これを「ポジティブ会議」といいます。

質問のパワーを利用し、会議も実りあるものにできるということです。

さて、ここまでで、沈黙の持つパワーをご理解いただいたと思います。また、沈黙に先立つ質問も使い方次第で強い影響力を与えることができるということもご理解いただいたと思います。しかし、質問し、沈黙するだけでは会話は成り立ちません。質問と沈黙によって相手のことを理解したら、よりよい関係、よりよい結論を目指して言葉を発することが必要です。

次の章では、沈黙のあとだからこそ使える言葉の影響力について説明します。

第5章

パワー・トーク

――質問と沈黙のあとで
相手に影響を与える言葉の力

よいコミュニケーションは、沈黙のあとで……

どんな職業に就くにしても、必須のスキルがコミュニケーション力です。
セールスパーソンなどの対人交渉の仕事はもちろん、工場内での作業のような仕事であっても、なんらかの形で他人とかかわる仕事であれば、コミュニケーション力が大切になります。

就職の面接でも、コミュニケーション力は重要視されます。
一方で、コミュニケーション力に自信のない人も少なくありません。

最近、人間関係で悩んでいる人は、とても多いようです。

・自分の思いを相手にうまく伝えられない
・相手が何を考えているか、わからない
・相手と意見が食い違ったときに一致させることができない

・相手を説得することができない

など、人間関係の悩みの多くは、コミュニケーションが上手にとれないことだといってよいでしょう。

コミュニケーションが上手にとれないことの大半は、「相手に対する理解が足りない」ということが原因です。

たとえば、高校生の息子が父親に対し、「ちょっと話があるんだ。実は、大学に行くのやめようと思うんだけど」と話したとします。

すると父親は、「何を言っているんだ、急に。大学に行かないといい会社に就職ができないぞ。これからの時代は厳しい時代になるんだ。そんなのは許さないぞ。成績がよくならないのを悩んでいるんだろう。わかった。予備校に行こう。お前のためなら、お金はいくらでも出してやるぞ。まあ、いい。今日はもう寝なさい。明日、どこの予備校に行くか話し合おう」と一気にまくしたてます。

これで問題は解決するでしょうか？

息子は、「大学に行かずに、寿司職人になりたい」と決意していたら、どうでしょうか。

まったくかみ合わないコミュニケーションになってしまっていることがおわかりでしょう。

これは、息子の話を聞いたときに、すぐに自分で早合点してしまい、自分が考える解決策へと勝手に思考を進めてしまっているからです。そのせいで、息子の真の考えを知ろうという思考から離れていってしまっています。世の中では、このようなことが頻繁に起こっています。

たとえば、こんな話があります。

ある人が歯医者に行きました。虫歯がひどく、ほとんどの歯を抜いてしまいました。そして、歯医者さんは、おもむろに自分の入れ歯を外し、「この入れ歯は、口の中にぴったりと収まって、とてもよい入れ歯なんです。これを使うとよいでしょう」と言って、入れ歯を洗って手渡してきました。

患者が入れ歯をはめてみると、口の形と合っておらず、まったくうまく入れられませんでした。患者が「この入れ歯は合いません」と言うと、歯医者は「そんなことはない。私はその入れ歯で10年間なんの問題もなくすごしている。きっと合うはずだから、もう一度やってみなさい」と言いました。

くだらない話ですが、私たちは、このようなことを他人との会話においてしょっちゅうやっているのではないでしょうか。

入れ歯を作るには、その人の歯形をきちんととって、その人に合った入れ歯を作らなければぴったりと合うはずがありません。

会話も同じです。相手のことを知り、相手を理解して、相手が理解しやすいように話を組み立てて会話をしなければ、コミュニケーションをきちんととることはできないでしょう。

相手のことを知り、理解するには、まず相手が話すことを聞かなければなりません。自分ばかり話していては、相手を理解することは決してできないでしょう。

そして、相手が話すのを聞くためには、自分は沈黙していなければなりません。相手に質問し、相手に話をさせ、自分は沈黙するのです。

そして、相手のことを十分に理解することができたら、自分のことを話し出せばよいでしょう。そのほうが、ずっとよいコミュニケーションをとることができるでしょう。

どうすれば、あなたの話を聞いてもらえるのか？

誰しも話を聞いてほしいときがあります。

だからと言って、あなたが話せば、相手は必ず真剣に聞き、すべてを正確に理解してくれるでしょうか。必ずしもそんなことはありませんよね。あなたが話しているとき、相手はまったく別のことを考えていて、あなたの話などまったく聞いていないということすらあるでしょう。

では、相手に話を聞いてほしいときは、どうしたらよいでしょうか。

一生懸命、情熱的に話したらよいでしょうか。または、「話を聞いてくれ」と頼んで聞いてもらうのがよいでしょうか。世の中には、効果的に話す方法や伝え方を解説する書籍などの情報源はたくさんあります。それらのテクニックを使えばいいでしょうか？

もっと簡単な方法があります。**それは、自分が話す前に、相手の話をじっくりと聞くことです。**

「話を聞いてもらいたいのに、自分は黙っていて、相手の話を聞く？　それじゃ反対じゃないか！」と怒り出す方もいらっしゃるかもしれませんね。でも、その通りなのです。相手が黙って、きちんとあなたの話を聞いてくれるようにするには、先に相手の話をじっくり聞いてしまったほうがよいのです。

私たちが会話をするとき、頭の中はどうなっているでしょうか？　特に、自分が話したいことがあるときです。

相手が話しているときに、「あっ、次はこれを話そう」「どう言ったら、わかってくれるかな」「あの話は、どうやって構成したら、面白くなるかな」などと、自分が話したいことについて考えていることも多いものです。

そうなると、相手が話していることは、聞こえてはいても、頭には入ってきません。黙って聞いているのに、「ねえ、ちゃんと聞いてる？」などと言われることが多いのも、表面上、話を聞いてはいても、内心ではほかのことを考えているからです。

ですから、「相手の話を聞く」というのは、「ただ沈黙していればよい」というわけではなく、「相手が話していることを正確に理解しようとして聞く」姿勢が必要だということになります。

では、相手にこの姿勢になってもらうには、どうしたらよいでしょうか。それは、相手が自分のことを考えないように仕向けることが必要です。では、どうすれば、そうなるか。

それは、「先に相手の話をじっくりと聞いてあげて、理解したことを伝える」ことです。

まず、相手が話したがっていたとすると、相手の話を理解しようという姿勢でしっかりと聞きます。そして、話し終わったようであれば、「あなたが言いたいことはこういうことですか？」と、自分が理解しているかどうかを確認します。正しければいいし、間違っていたら、再度、相手は話し出すでしょう。そして、話し終わるまで沈黙して話をしっかり聞いて、「さっきは誤解していたようです。こういうことですか？」と改めて確認します。

そうすると、相手の頭の中は、どうなるでしょうか。「私が言いたいことは言った。ちゃんとわかってくれたようだ」と満足します。そして、あなたが「では、私の話も聞いてもらえますか？」と言えば、相手は「自分は言いたいことは言ったので、この人の話も聞いてあげようか」という気持ちになります。そうなれば、あなたの話を聞きながら「次はなんて言おうか」などとは考えず、あなたの話をしっかり聞いてくれるようになるでしょう。

このように、逆説的ではありますが、自分の話を相手にちゃんと聞いてほしいのであれば、自分が一方的に話すのではなく、まず「相手の話を黙ってしっかり聞く」という方法が簡単で効果的な方法ということになります。

黙って聞くことが「人を動かす」

ただ、相手が話を聞いてくれたからといって、こちらの言うことをすんなり聞いてくれるとは限りません。人に影響を与え、動かすことは難しいものです。

書籍などで紹介されている、人を動かす方法のほとんどは、相手に働きかけるテクニックです。

中には、心理操作を紹介したものもありますが、そうしたテクニックが一般化するにつれて、陳腐化し、その手には乗らない人も多くなります。

では、人を説得したり、人を動かすには、どうしたらよいでしょうか？　お願いしたり、脅したり、命令したり、交換条件を出したり、いろいろ方法はあるでしょう。

どういうテクニックを使うにしても、大切なことが1つあります。それは、「相手の話を聞いたあとで説得したほうがよい」ということです。

私は、弁護士になってから20年以上が経ちます。これまで無数の交渉を経験しました。弁護士というと、どういうイメージがあるでしょうか。「口がうまく、立て板に水のように話し、相手を言いくるめてしまう」というイメージを持つ人もいると思います。

しかし、私が交渉するときには、質問が7割、自分の意見が3割くらいの割合になるように心がけています。意図的に質問を多くしているのです。なぜかというと、そのほうが交渉をまとめられる可能性が高まるからです。

交渉というのは、自分の意見を強引に押しつけるものではありません。交渉が成立するには、相手が「イエス」と言うことが必要です。人を動かすには、その人が自分から動こうという気持ちにならなければなりません。いずれにしても、自分だけの力では他人を動かすことはできず、他人の意思が介在することになります。

そうであれば、どうすれば相手が「イエス」と言ってくれるのかを知らなければならず、そのためには、相手のことをよく理解することが必要になってきます。そのために有効な手段が「質問」なのです。

相手に質問し、相手がどのような感情を持っているのか、何を大切にし、何を不要と考えているのか、絶対に譲れない条件は何か、どんなアイデンティティを持って生きているのかなどを知ることです。そして、相手を知ったあとに、相手が応じやすいような条件を提示したり、説得テクニックを使うほうが「イエス」と言ってもらえる可能性が高まるでしょう。

たとえば、会社の同僚に「週末の接待ゴルフを代わりに行ってほしい」と頼むとしましょう。相手の情報を何も知らずに、「週末の接待ゴルフ代わってくれない？　今度、昼飯おごるからさ」と頼んだ場合、代わってくれる確率はどれだけあるでしょうか。それほど期待できそうもありません。

しかし、同僚が「今日、子どもの誕生日会をするって言っちゃったのに、残業しないといけないよ。まいったな」と言っていたという情報を入手したとします。そうであれば、「週末の接待ゴルフ代わってくれない？　その代わり、今日の残業は俺がやっておくからさ」と言ったほうが可能性は高まることでしょう。

「相手のことをよく理解するとうまくいく」ということでは、もう1つこんなエピソードがあります。

ある家電量販店に、エスキモーが来ました。

エスキモーは、「冷蔵庫が欲しい」と言いました。店員は「エスキモーが住んでいる地域は寒いから、そこの気温よりも冷える冷蔵庫がいいだろう」と考え、氷をたくさん作れる、とてもよく冷える冷蔵庫を勧めました。しかし、エスキモーは、購入せずに帰ってしまいました。

エスキモーは、別の家電量販店に行き、同じように「冷蔵庫が欲しい」と言いました。それを聞いて店員は、「どのようにお使いですか？」と質問しました。すると、エスキモーは「私の住んでいるところは、寒くて、なんでも凍ってしまうので、食料の保存に困っているのです。食料の保存用に丈夫で、あまり冷えない冷蔵庫が欲しいのですが」と言いました。そこで店員は、そのような冷蔵庫を勧めたところ、エスキモーは満足して購入しました。

人を動かすには、相手のニーズや立場を勝手に想像して説得しようとしてもうまくいきません。相手に質問し、相手に話をさせて、相手の立場をよく理解したあとで説得するほうが「イエス」と言ってもらえる可能性はぐんと高まるでしょう。

相手に考える時間を与えたほうがうまくゆく

デール・カーネギーの名著『人を動かす』（創元社）の中に、次のような言葉があります。

人間は自尊心のかたまりです。人間は、他人から言われたことには従いたくないが、自分で思いついたことには喜んで従います。だから、人を動かすには命令してはいけません。自分で思いつかせればよいのです。

人を動かすには、その人が動きたくなるように考えてもらうということです。そのためには、相手がイメージしているあいだ、私たちは沈黙していなければなりません。考えるには時間が必要です。相手が考えているあいだに話をかぶせてしまうと、思考が中断して、十分に考えをまとめることはできません。したがって、しばらく沈黙することが必要になってくるのです。

営業の場面で考えてみましょう。

不動産会社の営業マンが、中古マンションの購入を考えている夫婦を物件の内見に案内したとします。

「ここは何平米で、窓からは緑が見えて、駅からは徒歩5分です。それから～」と立て続けに話しても、夫婦の考えはまとまりません。

そうではなく、「部屋は3部屋あります。もし、このマンションに住むとしたら、この部屋は、なんのお部屋にお使いになりますか？」と言って沈黙します。すると、夫婦は、「どうだろう。さっきの部屋のほうが広いから、ここは寝室かな」などと自分たちでイメージをふくらませながら、話をして、考えをまとめようとするでしょう。また、それによって、そのマンションを購入したことをイメージをし、購入に向けた一歩を踏み出すことになるでしょう。

相手を説得しようとするときは、どうしても相手によけいなことを考えてほしくないために、沈黙を避けて、話をかぶせがちになってしまいます。しかし、それが逆効果になってしまうことがあることを覚えておかなければなりません。むしろ、沈黙を使って、自分の有利な方向に相手のイメージを膨らませることが大切です。

女性をデートに誘おうとするときに、「今度の土曜日に僕と2人きりでデートしない？」と誘った場合、その女性があなたに好意を持っているかどうかによって、デートに応じるかどうかの成否が決まってくるでしょう。いくら「いいじゃん、いいじゃん、行こうよ」と言葉をかぶせて強引に誘っても、仮にあなたに対してあまり興味を持っていなければ、成功する可能性は高くありません。

ここで、その女性があなたにあまり興味を持っていなかった場合の作戦を考えてみましょう。

「君はイタリアンが好きだったよね。銀座の○○っていうお店で出している、黒トリュフとキャビアを使ったパスタがすごくおいしいらしいんだって。食べたいと思わない？」と質問し、しばし、沈黙します。すると、彼女は、そのパスタをイメージして「食べたい！」となる可能性は高いでしょう。そのあとで、「今度の土曜日、予約がとれたんだけど、食べに行ってみない？」と誘えば、彼女の頭の中は、あなたのことよりも、パスタで占められることによって、デートに応じてもらえる可能性が高まることでしょう。

このように、**「何をイメージしてもらえば、イエスと言ってもらえるかな？」「どういう方向で考えてもらえば、行動してくれるかな？」と考え、相手の思考を促す**ことです。そして、相手がイメージしたり、考えをまとめたりするには、必ず時間が必要なので、そのあいだ、私たちは沈黙しなければならないのです。「沈黙する勇気」を持つようにしましょう。

威力抜群の〝クロスカウンター話法〟

ちばてつやさんの漫画『あしたのジョー』をご存じでしょうか。

旅を続けていた不良少年、矢吹丈が、ボクシングのコーチである丹下段平と出会ってボクシングを始め、少年院に入院するなど紆余曲折《うよきょくせつ》を経て、最後には世界タイトルマッチを戦うという物語です。

この作品の中で、矢吹丈が使っていた必殺技が「クロスカウンター」という技でした。この技は、相手が左（右）ストレートを打ってきたときに、それを避けるのではなく、自分の右（左）パンチを相手の左ストレート（右）にクロスさせて相手の顔面にたたき込むというカウンター技です。相手は左（右）ストレートを打ってきているので、こちらに向かって力が働いています。そこにカウンターでパンチを返すので、パンチ力が倍増するという仕組みです。矢吹丈は、このクロスカウンターで、対戦相手をバッタバッタと倒していきます。

矢吹丈がクロスカウンターを得意としていることは、対戦相手もわかっています。だから、左ストレートを打たなければいいのですが、どうしても、相手は打ってしまいます。これには秘密があります。

それは、矢吹丈が「ノーガード戦法」をとっているからです。普通のボクサーは両腕を挙げて顔面を防御してかまえるのですが、矢吹丈は、両腕をだらりと下げて、顔面をノーガードにしてかまえます。そこで、ついつい対戦相手は、矢吹丈の顔面めがけてパンチを打ってしまうのです。すると、必殺のクロスカウンターが返ってくるというわけです。

このクロスカウンターは、会話にも生かすことができます。

相手の欲しがるものをわざと欠落させて、そのことについては沈黙し、相手に先に要求させることによって、こちらの要求を通すという方法です。

たとえば、銀行強盗などが人質をとって立てこもった場合、警察が望むことは人質の解放です。そこで、立てこもった建物の電気や水道、ガスなどのライフラインを遮断します。すると、相手から「電気を通せ、水を通せ、食べ物を差し入れろ」などといった要求がきます。そのときにすかさず、「わかった。その代わり、そちらも老人と子どもだけは解放しろ」などとクロスカウンターで要求するのです。相手は自分が要求をし、要求が通る見返りなので、クロスカウンターの要求に応じやすくなるということです。

このクロスカウンターを交渉で使いたいときは、相手が要求しやすい事項を、思いつきやすいようにしておくことです。そして、クロスカウンターで繰り出す要求をあらかじめ決めておくことです。あとは、沈黙して相手の要求を待ち、相手が要求してきたら、「わかりました。ただし、その代わり、○○が条件になります」というように、クロスカウンターで要求を通すようにしましょう。

違う使い方もあります。

会社のプロジェクトに上司を引き入れたい場合に、パワーポイントで企画書を作り、上司に提出します。このとき、わざとタイトルを空欄にしておきます。これが「ノーガード」です。

上司は当然、「おい、タイトルが抜けてるぞ」となります。これが左ストレートです。

そこで、すかさずクロスカウンターです。

「あっ、大変失礼をしました。いいタイトルが思い浮かばないで悩んでいるうちにそのままになってしまいました。何かいいタイトルはないでしょうか？」

「そうだなあ。○○プロジェクト、なんてどうだ」
「あっ、それいいですね。そのタイトルをいただきます」

こうすることで上司は、そのプロジェクトの名づけ親になってしまい、プロジェクトに片脚を突っ込んでしまったことになります。タイトルでなくても、内容の一部をわざと欠落させたりして、上司に指摘してもらい、協力関係に持ち込むという方法もあるでしょう。

いずれにしても、クロスカウンターは、周到な事前準備が必要であることと、相手から先に言わせることが大切なので、自分の要求については沈黙することが重要です。

どうしても口に出せない話の伝え方

相手に何かを言わなければならないのに、「言いにくい」ということがしばしばあります。

特に気が小さい人は、そういうことが多いでしょう。

「商談でなかなか値段を切り出せない」「値上げ要請を言いにくい」など、要求を言いにくいという人もいるでしょう。こんなときは、「黙って書面を手渡す」という方法があります。

書面に書いて相手に伝えるのです。そうすれば、沈黙していても、相手に言いたいことを伝えることができます。「条件は、この書面に記載してありますので、ご確認ください」くらいなら、気が小さい人でも言えるでしょう。

私の知人のセールスパーソンの何人もが、書面を使うことで値上げなどの難しい交渉に成功しています。

また、書面には、「すでに決まったことだ」と思わせる効果もあります。

たとえば、会議や交渉をするときには、「何を」「どのような順番で」議論するかが重要な意味を持つ場合があります。特に交渉の場合には、値段、納期、保証、ペナルティなど、話し合うことがたくさんあるのが普通ですが、どの順序で交渉するかによって有利・不利が分かれることもあります。そのようなときに、書面を準備しておいて、「1. 納期について 2. 保証について……」などと議題を記載して、交渉を始める前に、「本日話し合わなければならないことを、書面にしてきましたので、ご確認ください。よろしくお願いします」などと言って、書面を手渡しします。そうすると、そのあとの交渉は、当然のように、その順番で行なわなければならないような雰囲気を作り出すことができます。会議で

言いづらいこと、口頭で伝えると誤解を生じる場合は書面を使うとよい

も同じです。

さらに、口頭で伝えると、誤解を生じるおそれがある場合、あるいは、正確に理解してもらいたいので、何度も読み直してもらいたいような場合などにも、書面は有効です。口頭だけでは、その場の理解で終わってしまい、そのまま事が進んでしまいます。そうすると、誤解が生じたまま物事が進行してしまうおそれがあります。そこで、誤解を生じないように、書面に正確に記載して説明し、何度も読み直してもらったほうがお互いに理解し合えるという場合もあるでしょう。

しかも、書面にしておけば、あとで「言った、言わない」の議論を防ぐことができます。「○月△日にお渡しした書面に、こう書いてありますというように、強力な証拠になるのです。

このように、口頭で伝えるよりも、書面にしたほうが有効な場合がありますので、そのような場合には、「自分は沈黙し、書面で伝える」という方法を検討してみましょう。

ただし、これらは、書面のほうが高い効果が得られる場合に限ります。

たとえば、面と向かって謝罪しなければならないケースなのに、「自尊心が傷つくから書面で済ませよう」などという身勝手な理由で書面を使うのは避けたほうがよいでしょう。かえって悪い結果になってしまいます。

反論するには、まず同意することから……

会話の相手とケンカをするのは簡単です。

相手の言うことをことごとく否定したり、批判すればいいのです。

逆に、嫌われたくないと思ったら、相手に同調するようにします。特に、仕事で重要なお得意先と話している場合などは、たとえ不本意であっても相手に同調しなければならない場面が多々あります。

しかし、そうした特殊な場合を除き、日常生活において会話をしていると、相手とは意見が異なり、反対の意見を言わなければならないような場合が多々あります。そのような場合には、「はっきり自分の意見を言うべきだ」と言う人もいます。実際、誰に対しても、常に自分の意見をはっきり言える人もいます。しかし、日本では、そのように振る舞える人は少数派でしょう。特に目上の人、上司などに対しては、なるべく相手の気分を害さないように波風を立てないようにしたいものです。

そのような場合であっても、自分の意見を言ったほうがよいといったときは、どうしたらよいでしょうか。

それには、①同意し、②質問し、③別の意見を言う、という方法があります。

まず、相手が意見を言ったら、「その通りです」と同意します。しかし、自分は違う意見を持っているならば、相手の意見では不都合が出るようなことについて、質問をします。「その通りです。（沈黙）ところで、このような場合には、どうなりますか？」というような具合です。そして、不都合な点を出しておいて、それをお互いが認識した上で、「では、こういう方法はどうでしょうか？」などと話し合って、２人で新しい考えを導いたような体裁をとるのです。

たとえば、上司が「この商品には、試供品の化粧品を特典でつけて、それを強調してキャンペーンをしよう」と言い出したとします。このとき、自分としては「この商品は、商品そのものの良さを強調したほうが売れるから、特典をつけると逆効果だ」と思っていたとします。こんなときは、「それはいいアイデアですね」と同意した上で、いったん沈黙します。そして、「ところで、『特典の化粧品は、使わないからいらない』という人も一定数いると思うのですが、そのような人たちにアピールするには、どうしましょうか？」などと、相手の意見を前提にした場合の不都合な点について質問していきます。そして、不都合な点をいろいろ挙げた上で、「そうしますと、当初特典はつけないようにして、購入した人のうち、希望者はハガキを投函すれば試供品の化粧品が届くという仕組みがよいでしょうか？」などと、自分が考えている結論に誘導していくのです。

こうすれば、上司は、①部下は当初、自分の意見に同意してくれたので、自尊心が傷つきません。また、②反対の意見を言われたときも、自分の意見を前提にして、２人でアイデアを出し合った結果、新しい方法を創作したことになるので、自分の意見が否定されたわけではなく、自尊心が傷つきません。

相手の意見に反対したいときは、①同意し、②質問し、③別の意見を言うと角が立たない

このような方法を使うことで、相手の自尊心を傷つけず、相手に嫌な思いをさせずに、反対の意見を言うことができます。

それでも沈黙が怖いあなたへ

この本も終盤に差しかかりました。沈黙の有効性がご理解いただけたと思います。あとは、あなたが沈黙を効果的に使って、良好なコミュニケーションをとれるかどうかです。

ノウハウ本を読んでもノウハウを活かすことができないのは、実践しないか、我流で実践しているのかのどちらかです。

話すことによるコミュニケーションに慣

れた人は、沈黙という逆のアプローチをすることに抵抗を感じるかもしれません。しかし、私は、話すことよりも沈黙を使って相手の話を聞くほうが良好なコミュニケーションがとれると確信しています。

一方的に話すことが効果的なのは、相手を論破し、相手との関係を破壊したいときだけでしょう。

それでも、人は沈黙することをためらいます。ですから、ここで改めて、人はなぜ沈黙を恐れるのかについて考えたいと思います。

1　居心地が悪い

人が沈黙を嫌う理由は、「居心地が悪い」からではないでしょうか。そして、居心地の悪さを解消するために言葉が多くなってしまいます。

あなたは沈黙によるコミュニケーションを学びました。しかし、沈黙によるコミュニケーションを知らない人は、あなたが沈黙をすることで居心地が悪いと感じるかもしれません。相手にプレッシャーをかける沈黙以外は、相手が話しかけやすい表情をしていることが大切です。

2　機嫌が悪いように感じる

相手がずっと沈黙している場合、「機嫌が悪いのかもしれない」と感じることがあります。話すことによるコミュニケーションに慣れた人は、「沈黙＝話したくない＝機嫌が悪い」と思い込んでいるようです。すでにおわかりのように、「沈黙＝思考している」ということはいくらでもあります。また、この本を読んだあなたは余裕を持って、沈黙を使いこなすことができるのではないでしょうか。

もちろん、相手が本当に機嫌を悪くして黙っていることもあります。明らかに相手の機嫌を悪くするようなことを言ってしまった場合は、誠実に謝りましょう。

人によっては思考しているのか、機嫌が悪いのかがわかりにくい人がいます。どちらかわからない場合は、「機嫌を悪くするようなことを言いましたか？」などと聞いてみるといいでしょう。もしかしたら、「私が怒っている理由がわからないのですか？」と追い討ちをかける人もいるかもしれませんが、わからない場合は、理解が不足しているという点から謝ります。

さて、沈黙にも唯一効果がない場面があります。

確実に避けたほうがいいのは、「意味のない沈黙」です。意味のない沈黙とは、お互いにやることがない沈黙です。それほど仲良くない人とディズニーランドなどに行き、長時間並んでいるとき、何も会話がないというような状態です。これは、とても居心地が悪いものです。

このようなときは、雑談のテクニックが役に立ちます。さまざまな雑談のテクニックを紹介した書籍がありますので、読んで、ネタを仕入れておくとよいでしょう。ただ、このような場面は、そうそうあるものではないので、「沈黙を気にしない人は気にしないので、自分も気にしないことにする」という考えだけで乗り切ることもできるでしょう。

沈黙することによるリスク

沈黙は効果的に使うとコミュニケーションを円滑しますが、「単に黙っていればいい」ということではありません。

ここでは、自分が沈黙をすることのリスクについて考えてみます。

最大のリスクは、あなたが誤解されるということです。

・機嫌が悪そうに見える
・気難しい人に見える
・何を考えているのかわからない人に思われる

ですから、沈黙をしているときは、難しい顔をしないように意識するとよいでしょう。

交渉で勝つことを目的にしている場合を除いて、沈黙と笑顔はセットとなります。最終的なコミュニケーションの基盤となるのは、好意と信頼です。好意と信頼を得るためには、あなたが相手に好意を持ち、相手を信頼することが大切です。

沈黙は誤解されるというリスクもあります。ですから、相手への配慮を忘れないことが大切です。

昨今は、話しすぎによるコミュニケーションエラーが多発しています。ですから、沈黙をすることでコミュニケーションを円滑にする方法をお伝えしました。

この本でお伝えした内容が広まれば、テクニックとして沈黙を使っている場合、相手に見破られてしまいます。

だからこそ、沈黙は、好意と信頼を勝ちとるためにコミュニケーションの手段であることを忘れないでください。

「いい沈黙」は創造的な世界への入り口

①同意し、②質問し、③別の意見を言う、という手法は、相手に反対意見を言うときに限定したものではありません。相手と交渉しているときに使えるのはもちろんですが、相手とよりよい考えに到達したいとき、あるいは複数人での会議においても使えるものです。

この手法は、お互いの知恵を使って、創造的な世界に向かうための会話ということになります。

会話において、まず自分は沈黙し、相手の話に耳を傾けて、相手の話を完全に理解しようとします。そして、相手の話を理解したことを確認します。そして、その意見について質問し、その意見の強みや弱みはどこかを検討します。その上で、さらによい案がないか、お互いに考えます。その結果、当初考えているよりも、よりよい考えに到達できる可能性があります。

たとえば、こんな話があります。

ある税理士が、独立して税理士事務所を作るにあたり、自分が経営する税理士事務所のホームページを作ろうと思って、ホームページの制作業者から見積もりをとりました。見積もり金額は100万円。しかし、今、自分が出せるのは50万円です。もう少し安くならないか、交渉しましたが、業者もギリギリの値段だということで、「分割払いでもいいから、とにかく100万円を払ってほしい」ということでした。しかし、税理士も独立したばかりで、収入も不安定です。分割払いにしても払い切れるかどうかわかりません。

そこで、税理士は、業者のことを理解しようと、質問を始めました。いろいろ聞いてみると、業者のほうも独立したばかりで集客に苦労しているということでした。そのために、どうしても100万円よりも下げることはできなかったのです。

そこで、税理士は次のように提案しました。

「では、こういうのは、どうでしょうか？　まず私は50万円を御社に支払います。私は税理士で、中小企業の社長をたくさん知っています。その中にはホームページを作成したいという会社があると思います。その会社を紹介して、御社でホームページ制作を受注したら、1件について10万円を紹介料としていただきます。その10万円を今回のホームページ費用に充当していきます。5社紹介できれば、今回のホームページ費用は完済になります。もし、1年後、残額があったら、そのときには残額を全額お支払いします」

業者も、今回、受注したかったこともあり、最終的に全額回収できるということだったので、異論はなく、その方法で合意しました。

果たして、どうなったでしょうか？

税理士はきれいなホームページができて、そのホームページ経由で顧問契約を何件も受注できました。そして、ホームページを制作したいという顧問先の社長に業者を紹介していって、ホームページの制作費用を回収しました。そして、その後も、ホームページを作りたいという人にはどんどん業者を紹介していくことで紹介料をもらうことができ、業者も紹介を受けることで売り上げを上げられるようになりました。

税理士が、問題を解決するために沈黙し、相手を理解するよう努め、「創造的な解決策がないか」と知恵を絞った結果、よりよい解決方法に到達することができたのです。

【参考文献】

○『風姿花伝』（世阿弥、市村宏訳注、講談社学術文庫、2011年）
○『自己プロデュース力』（島田紳助、ワニブックス、2009年）
○『間抜けの構造』（ビートたけし、新潮新書、2012年）
○『スティーブ・ジョブズ　驚異のプレゼン』（カーマイン・ガロ、日経ＢＰ社、2010年）
○『カーネギー話し方入門 文庫版』（デール・カーネギー、創元社、2016年）
○『五輪書』（宮本武蔵、鎌田茂雄訳注、講談社学術文庫、1986年）
○『兵法家伝書　―付・新陰流兵法目録事』
（柳生宗矩、渡辺一郎校注、岩波文庫、2003年）
○『新訂　孫子』（金谷治訳注、岩波文庫、2000年）
○『プロカウンセラーの聞く技術』（東山紘久、創元社、2000年）
○『マンガで分かる心療内科 16　うつを軽いうちに改善する方法』
（ソウ／ゆうきゆう 、少年画報社、2018年）
○『嫌われる勇気』（岸見一郎／古賀史健、ダイヤモンド社、2013年）
○『「しゃべらない営業」の技術』（渡瀬謙、ＰＨＰビジネス新書、2010年）
○『ザ・コピーライティング』
（ジョン・ケープルズ、神田昌典監修、ダイヤモンド社、2008年）
○『第3の案　成功者の選択』
（スティーブン・R・コヴィーほか、キングベアー出版、2012年）
○『話を聞かない男、地図が読めない女　――男脳・女脳が「謎」を解く』
（アラン・ピーズ／バーバラ・ピーズ、主婦の友社、2015年新装版）
○『人は見た目が９割』（竹内一郎、新潮新書、2005年）
○『やっぱり！　「モノ」を売るな！　「体験」を売れ！』
（藤村正宏、実業之日本社、2012年）
○『「いい質問」が人を動かす』（谷原誠、文響社、2016年）
○『人を動かす　文庫版』（デール・カーネギー、創元社、2016年）
○『影響力の武器［第三版］　なぜ、人は動かされるのか』
（ロバート・B・チャルディーニ、誠信書房、2014年）

谷原 誠（たにはら まこと）

弁護士。1968年愛知県生まれ。91年明治大学法学部卒業。同年司法試験に合格。現在、弁護士が20人以上在籍するみらい総合法律事務所代表パートナー。テレビのニュース番組などの解説でも活躍する。著書に『「いい質問」が人を動かす』『気持ちよく「はい」がもらえる会話力』（いずれも文響社）ほか、多数。

「沈黙」の会話力

2018年12月19日　初版発行

著者　谷原 誠

発行者　太田 宏

発行所　フォレスト出版株式会社
〒162-0824　東京都新宿区揚場町2-18　白宝ビル5F
電話　03-5229-5750（営業）
　　　03-5229-5757（編集）
URL　http://www.forestpub.co.jp

印刷・製本　中央精版印刷株式会社

ISBN978-4-86680-012-7　Printed in Japan

「会話力がグングン上がる3つの『間』の使い方」

特別映像

著者・谷原誠さんより

会話や商談、プレゼンなどにおける沈黙の効果的な使い方への理解をさらに深めるのに役立つ映像コンテンツ（谷原誠さんによる解説）を用意しました。会話に「沈黙」や「間」を取り入れるといっても、なかなかイメージしにくいと思います。そこで、「間」の取り方を3種類に分類し、具体的な「間」の使い方について、語っていただきます。

特別プレゼントはこちらから無料閲覧できます↓

http://frstp.jp/tanihara

※特別プレゼントはWeb上で公開するものであり、小冊子・DVDなどをお送りするものではありません。

※上記無料プレゼントのご提供は予告なく終了となる場合がございます。あらかじめご了承ください。